스토리텔링
초등한국사 ❸
교과서

그림 경혜원

명지대학교에서 영어영문학을 공부했습니다. 어린이와 그림을 좋아하는 마음에 어린이책 일러스트레이터가 되었습니다. 쓰고 그린 책으로『내가 더 커!』,『한 입만』,『공룡 엑스레이』 등이 있고, 그린 책으로『꿈을 그리는 소녀, 신사임당』,『이선비, 장터에 가다』,『이순신의 거북선 노트』,『비석이 들려주는 이야기 한국사』 등이 있습니다.

스토리텔링 초등 한국사 교과서 ❸

동학 농민 운동부터 현대까지

1판 1쇄 발행일 2013년 5월 10일 • 1판 8쇄 발행일 2020년 6월 9일
글 초등역사교사모임 • 그림 경혜원 • 감수 이인석 • 펴낸이 김태완 • 책임편집 진원지
편집장 이미숙 • 편집 김정숙 • 디자인 구화정 page9, 안상준 • 마케팅 최창호, 민지원
사진제공 국립경주박물관, 국립부여박물관, 국립중앙박물관, 독립기념관, 육군박물관, 한정영
펴낸곳 (주)도서출판 북멘토 • 출판등록 제6-800호(2006. 6. 13.)
주소 03990 서울시 마포구 월드컵북로 6길 69(연남동 567-11), IK빌딩 3층 • 전화 02-332-4885 • 팩스 02-332-4875

ISBN 978-89-6319-082-2 64910
　　　 978-89-6319-079-2 64910 세트

이 도서의 국립중앙도서관 출판예정도서목록(CIP)은 서지정보유통지원시스템 홈페이지(http://seoji.nl.go.kr)와 국가자료공동목록시스템(http://www.nl.go.kr/kolisnet)에서 이용하실 수 있습니다.(CIP제어번호: CIP2013005137)

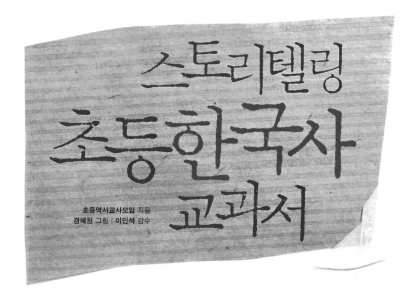

스토리텔링
초등한국사
교과서

초등역사교사모임 지음
경혜원 그림 | 이인석 감수

③ 동학 농민 운동부터 현대까지

북멘토

머리말

요즘 들어 스토리텔링이라는 말을 많이 쓰고 있습니다. 수학도 스토리텔링, 과학도 스토리텔링, 그리고 역사도 스토리텔링. 이 말은 '이야기 또는 이야기하기'를 뜻하지요. 다시 한 번 풀어 보자면, 어려운 정보나 지식을 이야기 속에서 자연스럽게 전달해 주는 것을 말해요. 『스토리텔링 초등 한국사 교과서』 역시 '우리나라'를 주인공으로 하는 흥미진진한 스토리텔링입니다.

주인공인 우리나라는 한반도에서 태어나 때로는 중국 대륙까지 진출하여 기상을 드높이기도 했고, 여럿으로 나뉘었다가도 통일을 이루어 씩씩하게 성장하기도 했어요. 악당과 싸울 때는 죽을 고비도 여러 번 넘겼지만, 기지를 발휘하여 아슬아슬하게 위기를 극복하고 적을 물리쳐 냈어요. 그러는 동안에 전 세계가 깜짝 놀랄 만한 문화유산을 척척 만들어 내기도 했습니다. 그중 어떤 것은 세계 최초인 것도 있고, 세계 최고인 것도 있습니다. 이 모든 것들이 바로 우리나라가 빚어 낸 가슴 두근거리거나, 슬프거나, 뿌듯하거나, 기쁜 이야기랍니다.

이 책은 이처럼 우리나라를 주인공으로 한 이야기를 담담하게 그리고 흥미진진하게 들려주려고 했습니다. 그래서인지, 이 책을 쓰면서 어쩌면 역사는 공부하는 것이 아니라, 마음에 담는 것인지도 모르겠다는 생각도 들었습니다. 그간 여러 역사책을 써 온 초등역사교사모임 선생님들은 『스토리텔링 초등 한국사 교과서』를 함께 쓰면서 이전에 출간했던 책의 오류를 바로잡기 위해 노력했습니다. 특히 오랫동안 현장에서 학생들을 가르치는 한편 교과서를 집필하신 선생님께 감수를 받아 책의 완성도를 높였습니다. 더하여 전국의 초등학교 선생님들께 미리 보여 드리고 추천을 받았습니다.

옛 이야기인 역사책을 지금 우리가 읽는 것은, 흔히 말하는 대로 역사가 '미래'의 길잡이이기 때문입니다. 그러나 더 중요한 것은, 역사책을 읽으면 그 속에서 '우리 자신'을 발견하고 함께 미래를 만들어 나갈 수 있다는 점이지요. 이 책을 읽으며 너와 내가 만나 함께 만들어 나가는 미래를 꿈꾸어 보면 어떨까요?

초등역사교사모임

차례

22장 독립 투쟁을 벌이다

17장 | 흔들리는 민심

거듭되는 세도 정치와 홍경래의 난

정조의 뒤를 이어 왕위에 오른 순조23대는 고작 11세였습니다. 그 때문에 왕실의 최고 어른이었던 정순 왕후가 수렴청정을 하게 되었지요. 정순 왕후는 보란 듯이 벽파 사람들을 요직에 등용하고, 정조의 탕평을 돕던 신하들을 대대적으로 숙청했습니다. 또한 천주교를 철저하게 탄압했는데, 천주교 신자 중에 남인이나 시파벽파와 대립하는 세력들이 많았기 때문이었어요. 이때에 이가환, 이승훈, 권철신, 정약용, 정약전 등의 인물이 쫓겨나 유배를 떠나거나 죽임을 당했습니다. 뿐만 아니라 규장각의 기능을 대폭 줄이고, 장용영도 없애 버렸지요. 그럼으로써 정조가 야심차게 추진했던 개혁은 더 이상 이어지지 못했습니다.

정순 왕후는 5년 만에 세상을 떠났지만, 이번에는 순조의 장인인 김조순과 그 집안 사람인 안동 김씨들이 조정의 요직을 모두 차지했습니다. 극소수의 세력가들이 나라를 좌지우지하는, 이른바 '세도 정치'가 시작된 것입니다.

▲ 정순 왕후 가례 도감 의궤. 정순 왕후가 혼인할 때의 절차와 예법을 그림으로 기록한 것이에요.

세도 정치의 가장 큰 문제점은 이들을 견제할 세력이 없다는 것이었습니다. 이로 인해 왕권은 크게 약해지고, 김조순 일가의 부패가 극에 달했습니다. 그들은 뇌물을 받고 관직을 팔기도 했습니다. 정치 기강이 무너지고 탐관오리가 늘어난 것은 당연한 일이었죠.

탐관오리들의 끝없는 수탈 속에서 농민들은 마음속 깊이 저항의 불씨를 품었습니다.

당시 평안도 지방의 몰락한 양반이었던 홍경래는 이러한 민심을 알아보았습니다. 홍경래는 그렇지 않아도 평안도 사람들에 대한 차별을 심하게 느끼고 있던 터라 들끓는 민심을 모아 조정에 뜻을 전하고자 했지요.

"조정에서는 평안도를 심하게 차별하여 흙덩이보다 못하게 여기고 있습니다. 아무리 과거 시험을 보아도 과거에 합격할 수가 없으니, 이런 몹쓸 세상이 어디에 있단 말이오. 우리 평안도 사람과 농민 들이 함께 떨치고 일어나야 합니다."

홍경래는 평안도 가산 지방을 근거지로 삼고, 광산을 개발하는 척하며 광부를 모아 군사로 훈련시켰습니다. 인부들 대부분이 탐관오리의 횡포를 견디지 못하고 찾아든 사람들이어서 홍경래의 뜻에 잘 따랐습니다.

무려 10년에 걸친 준비 끝에 1811년 12월, 마침내 홍경래는 무리를 이끌고 봉기했습니다. 홍경래는 우군칙과 같은 상인들을 자기편으로 끌어들여 무기와 군복까지 갖추었을 뿐만 아니라 반란을 성공적으로 이끌기 위해 평양은 물론이고 한양에까지 동지들을 숨겨 놓은 상황이었어요.

홍경래가 스스로를 평서 대원수라 칭하며 봉기를 일으킨 지 단 열흘 만에 봉기군은 가산과 곽산을 손에 넣었습니다.

"수령들은 성문을 열어라! 그러지 않으면 나 평서 대원수가 너희들의 목을 벨 것이다!"

홍경래의 봉기군은 남북으로 진격하여 정주를 비롯해 선천과 용천 등 서북 지역을 휩쓸었습니다. 그리고 관가의 창고를 열어 굶주린 백성들에게 곡식을 나누어 주었습니다.

하지만 봉기군은 승리의 기쁨을 오래도록 누리지는 못했습니다. 약 보름 만에 맞부딪친 관군과의 싸움에서 패한 것입니다. 봉기군은 곧 관군에게 쫓겨 정주성으로 들어갔습니다. 이때 관군은 정주성을 포위하고 주변의 농민들을 닥치는 대로 죽이며 마을을 불태웠습니다.

정주성으로 들어간 봉기군은 결사 항전하며 4개월을 버텼습니다.

그러던 이듬해 4월 10일, 봉기군이 서서히 지쳐 갈 무렵, 관군이 땅굴을 파고 성벽을 무너뜨린 후 대규모 공격을 개시했습니다. 봉기군은 결사적으로 맞섰지만, 관군을 이겨 낼 수가 없었습니다. 끝내 정주성이 함락되고, 홍경래도 전사하고 말았습니다.

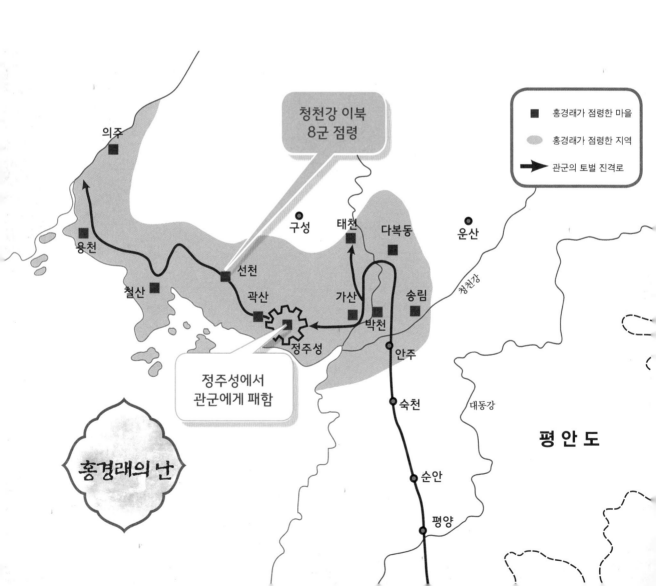

삼정의 문란과 진주 농민 봉기

순조가 세상을 떠나고 헌종24대이 즉위한 뒤에도 세도 정치는 계속되었습니다. 풍양 조씨헌종의 어머니인 신정 왕후의 친정 가문들이 잠깐 권력을 틀어쥐었다가, 다시 안동 김씨들이 조정의 높은 관직을 두루 차지했지요. 이들은 헌종이 왕위를 이을 왕자를 남기지 못하고 세상을 떠나자 오래도록 권력을 잡기 위해 꾀를 부렸습니다.

"왕족 중에서 안동 김씨 가문의 세도 정치에 걸림돌이 되지 않을 인물을 왕위에 앉혀야 하오."

그리하여 그들은 마침내 자신들의 입맛에 맞는 왕족을 찾아냈는데, 바로 정조의 아우 은언군의 손자 원범이었습니다. 그는 이때까지만 해도 강화도에서 농사를 지으며 상민처럼 살아가고 있었습니다. 그래서 그를 '강화 도령'이라고 부르기도 했어요. 그가 바로 철종이었습니다.

얼결에 왕위에 오른 철종25대은 열아홉 살이었지만 순원 왕후의 수렴청정을 받았습니다. 철종이 공부를 한 적이 없고 왕족 수업을 받은 일이 없기 때문이라는 것이 그 이유였습니다. 여기에 더하여 왕비 철인 왕후가 안동 김씨 가문이다 보니 철종은 왕 노릇은커녕 안동 김씨 일족의 틈바구니에서 기를 펴기도 힘들었어요.

강화 도령 원범은 어떤 사람이에요?

원범은 정조 임금의 이복동생인 은언군의 손자입니다. 은언군은 당파 싸움에 휘말려 강화로 유배당한 후 그곳에서 자손을 낳고 살았습니다. 사실상 왕실의 법도대로라면 원범은 왕이 될 수 없었습니다. 후대의 왕은 전대의 왕보다 아랫사람이어야 하는데, 원범은 왕족이지만 헌종의 아저씨뻘이었기 때문입니다. 즉 순원 왕후는 세도 정치를 계속하기 위해 아무것도 모르는 원범을 데려와 왕위에 올렸던 것입니다.

삼정이 뭐예요?

삼정(三政)은 전정, 군정, 환곡을 말해요.

전정이란 땅의 넓이와 비옥한 정도, 그리고 풍년이나 흉년에 따라 차등을 두어 거두는 세금이에요. 그런데 임진왜란 이후에는 부패한 관리들이 농사짓지 않는 땅에도 세금을 매기기도 했지요.

군정이란 군인으로 나가는 대신 베 한 필을 내는 제도였습니다.

환곡이란 봄철에 나라에서 농민들에게 곡식을 빌려 주었다가 가을철에 1할의 이자만 더 얹어서 되돌려 받는 것을 말하는데, 관리들은 1할이 아닌 더 높은 이자를 받곤 했습니다. 뿐만 아니라 강제로 곡식을 빌려 주어 높은 이자를 챙기기도 했지요.

그럼에도 불구하고 철종은 수렴청정이 끝난 뒤에는 한동안 임금의 도리를 다하기 위해 애를 썼습니다.

"여러 벼슬아치들은 들어라! 모든 고을을 낱낱이 돌아보고 탐관오리를 찾아내 벌을 주라! 또한 지금 삼정의 문란으로 백성들의 생활이 어렵다 하니 선혜청의 돈과 곡식을 풀어 백성들에게 싼값에 빌려 주도록 하라!"

실제로 지방의 탐관오리들은 죽은 사람의 몫까지도 세금을 매겨 강제로 곡식을 빼앗아 가는가 하면, 갓 태어난 아이들이라도 군대를 안 갔으니 세금을 내라는 둥, 상상할 수 없는 방법까지 동원해 백성들의 고혈을 짜내고 있었습니다.

그러나 이미 문란해진 삼정과 해이해진 벼슬아치들의 기강이 하루아침에 좋아질 수는 없는 일이었습니다. 그것들을 바로잡기 위해서는 무엇보다 뿌리 깊은 세도 정치를 끝내야 했지만, 그것은 철종이 할 수 있는 일이 아니었습니다.

경상우도 절도사란 벼슬을 하던 백낙신이라는 사람도 돈으로 벼슬을 산 사람 중의 하나였습니다. 그는 백성들의 돈을 빼앗아 안동 김씨들에게 바쳤습니다. 그 방법도 기기묘묘했습니다. 이를테면 농사를 짓지 않거나 지을 수 없는 황무지에도 세금을 매겼고, 있지도 않은 땅을 있다고 우겨서 강제로 세금을 걷었죠. 죽은 사람에게도 산 사람에게 하듯 세금으로 베를 거두어들였고, 만약 내지 못할 때에는 먼 친척에게라도 내라고 강요했습니다. 뿐만 아니라, 억지로 곡식을 빌려 주고 수십 배의 이자를 챙기기도 했어요. 쌀을 빌려 줄 때는 쌀가마니에 겨와 모래를 섞어 넣는 꼼수도 마다하지 않았습니다.

이런 일이 거듭되자, 민심이 요동쳤습니다. 그러던 중 유계춘 등이 농민들을 모아 놓고 외쳤습니다.

"여러분! 양반이고 농민이고 할 것 없이 우리 모두가 굶어 죽게 생겼습니다. 이 기회에 우리가 힘을 합쳐 백낙신을 몰아냅시다."

그리고 2월 6일을 거사 일자로 잡았습니다. 진주 민란의 불꽃이 타올랐던 것이지요.

이미 수천 명으로 늘어난 사람들은 먼저 관아를 습격하여 창고를 부수었습니다. 그리고는 창고에 층층이 쌓여 있는 재물과 곡식을 백성들에게 골고루 나누어 주었습니다. 또 억울하게 누명을 쓰고 감옥에 갇힌 죄수들도 풀어 주었고 문서를 불태웠습니다. 그런 뒤, 백낙신을 붙잡아 꽁꽁 묶어 끌고 다니며 죄상을 따져 물었습니다. 그런 난리는 닷새 동안 계속되어 민란의 불길이 23개의 면으로 번졌습니다.

6일째가 되어서야 진주 민란은 수그러들었습니다. 놀란 조정에서는 박규수를 안핵사로 임명해 진주 민란을 조사하도록 일렀습니다.

박규수는 농민들을 만나 사건을 조사하고 백낙신을 귀양 보냈습니다. 또한 유계춘을 비롯한 주모자 3명을 처형하고 사건을 마무리지었습니다.1862년

하지만 민란은 끝난 것이 아니었습니다. 봄이 되면서 그 불씨는 경상도 밀양·거창·성주·함양, 그리고 전라도 익산·함평·순천·부안·장흥, 충청도 공주·은진·연산·청주 등지로 번져 나갔습니다.

철종은 부랴부랴 '삼정이정청'이라는 관청을 통해 삼정을 바

로잡고 민심을 수습하려 했지만 아무런 소용이 없었습니다.

"이 빌어먹을 놈의 세상! 언젠가는 뒤집어엎고 말 것이여!"

농민들은 저마다 그런 말들을 주고받으며 울분을 삭이고 있었습니다.

동학과 천주교가 민심에 자리 잡다

동학의 발생과 확장 진주 민란이 수그러들 때쯤, 영호남 지역에서 백성들 사이에 이상한 말들이 떠돌고 있었습니다.

"사람은 태어날 때부터 평등한 것이라네. 원래는 양반이고 상놈이고 없었다는구먼."

"아무렴! 사람이면 누구나 차별 없이 잘살아야 한다지?"

탐관오리의 부정과 부패로 지칠 대로 지쳐 있던 사람들에게 그런 믿음을 준 것은 동학이었습니다.

1860년 최제우에 의해 창건된 동학은, 유교를 바탕으로 불교·도교·토속 신앙 예로부터 민간에 전해져 내려오던 우리 고유의 신앙 이 함께 어우러진 종교였지요. 동학東學이란 이름은, 서쪽에서 건너온 서학 천주교를 비롯한 외래 문물에 맞서 동쪽 나라인 우리의 도를 세우겠다는 의지를 담고 있습니다. 동학은 오래전부터 내려온 신분 차별 제도의 철폐, 인간 평등의 실현을 꿈꾸었습니다. 당시

▲ 최제우 초상

한 예로 1888년에 배포한 「내수도문」을 들여다볼까요? 여성 교도들의 생활 규범을 기도문 형식으로 적은 글이에요.

"첫째, 집안의 모든 사람을 한울님같이 공경하라. 며느리를 사랑하라. 노예를 자식같이 사랑하라. 소와 말 같은 가축을 학대하지 마라. 만일 그러지 않으면 한울님이 노하실 것이다. 둘째, 하루 세끼의 식사 때 한울님께 알려라. 청결한 물을 길어 음식을 청결하게 하라. 셋째, 묵은 밥을 새 밥에 섞지 마라. 흐린 물을 함부로 버리지 마라. 가래침이나 콧물을 아무 데에나 토하지 마라. 넷째, 모든 사람을 한울님으로 인정하라. 손님이 오거든 한울님이 오셨다 하라. 어린이를 때리지 마라. 이는 한울님을 치는 것이다. 다섯째, 잉태하면 몸을 더욱 조심하고, 아무것이나 함부로 먹지 마라. 배 속에 든 아이를 위하여 모든 일에 조심하라. 여섯째, 다른 사람에게 함부로 시비하지 마라. 이는 한울님을 시비하는 것이다. 무엇이건 탐내지 마라. 다만 근면해야 할 것이다."

백성들은 이 같은 주장을 무척이나 반겼습니다. 왜냐하면 양반입네, 하는 사람들은 벼슬자리마저 돈을 받고 팔 정도로 재물에 잔뜩 눈이 멀어 백성들에게 세금을 쥐어짰고, 이에 따라 농민 생활은 몹시 어려웠거든요. 반면 하층 백성들은 아무리 재주가 뛰어나도 벼슬을 할 수 없었고, 부당한 일을 당해도 호소할 데가 없었습니다. 이런 잘못된 세상을 동학이 고쳐 주리라 믿었던 것이지요.

물론 양반과 벼슬아치 들은 동학을 반기지 않았습니다. 이유는 간단했습니다. 동학이 부패한 관리와 왕실을 비판했기 때문이었어요. 게다가 평등한 세상이 된다는 건 조선 왕조의 신분 제도를 철폐하자는 의미가 되므로 오히려, "동학이 백성들의 마음을 혼란스럽게 한다"고 몰아붙였습니다. 그러고는 이런 이유를 들어 조정은 최제우를 붙잡아 1864년 3월 10일에 처형시켰습니다. 이후로도 조정은 동학교도를 탄압했지요.

하지만 동학은 수그러들지 않았습니다. 오히려 최제우의 뒤를 이은 제2대 교주 최시형은 몸을 사리지 않고 갖은 위험을 무릅쓰며 동학교도들을 모았지요. 또 신도들과 함께 교리를 연구하며 동학

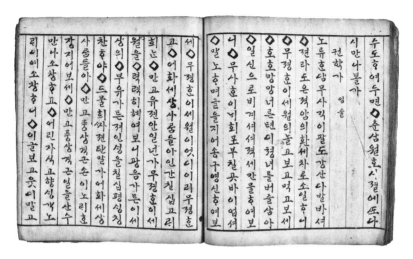

▲ 『용담유사』 중 「권학가」. 『용담유사』는 최제우가 동학을 널리 알리고자 지은 글로 모두 아홉 편의 가사로 되어 있어요. 「권학가」도 그중 하나지요. "아무리 좋은 금은보화라도 없어지게 마련이지만 글은 읽어도 없어지지 않으며, 온갖 부귀가 모두 글 속에 있으니 천하에서 제일 좋다"며 글을 읽고 익히기를 권하는 내용이랍니다.

경전 『동경대전』과 『용담유사』를 간행했고, 교구ㅍㆍ접를 만들어 조직을 단련했어요.

이런 속에서 동학은 사람들의 마음속에 더욱더 깊게 뿌리를 내렸고, 믿는 사람들이 급격하게 많아지기 시작했습니다. 그들은 재물이나 탐내는 벼슬아치나, 아무런 희망도 보이지 않는 왕실에 더 이상 기댈 수가 없었던 것입니다.

천주교의 전래와 탄압 ✺ 그런가 하면 한편에서는 천주교가 백성들의 마음을 사로잡고 있었습니다.

애초 조선에 천주교가 전해진 것은 종교로서가 아니라, 학문으로서였습니다. 광해군 때의 학자 이수광이 『지봉유설』에서 천주교를 처음 소개한 뒤로 이익과 안정복 등의 실학자가 학문적인 호기심으로 천주교를 소개했습니다. 정치에서 소외되어 있던 남인 소장 학자들이 특히 관심을 두었지요. 그러나 이때까지만 해도 이들이 천주교에 대한 신앙심을 가지고 있던 것은 아니었습니다.

천주교를 종교로 받아들이고 믿기 시작한 것은 정조 때부터였습니다. 이승훈이 그 대표적인 사람이었는데, 그는 아버지를 따라 청나라의 수도 북경에 갔다가 서양인 신부에게 세례를 받고 돌아왔습니다. 그 뒤 학식을 가진 양반이지만 정치에 참여하지 못한 남인들과 양반보다 지위가 떨어지는 중인들이 신도가 되어 천주교를 믿기 시작했습니다. 그들은 한편으로는 마음의 위안을 얻었으며, 또 한편으로는 천주교를 통해 새로운 세상을 건설할 수 있다는 희망을 품고 점점 더 빠져들어 갔습니다.

하지만 천주교는 애초부터 조선 사회에 뿌리 내리기 어려운 교리를 가지고 있었습니다.

"주님 아래, 사람은 누구나 평등합니다. 조상에게 엎드려 절을 하는 것은 우상을 숭배하는 일입니다. 이 세상에서 신은 오로지 주님뿐입니다."

이러한 천주교의 주장은, 유교적인 이념을 내세우던 조선 사회의 통치 기준과 정면으로

▲ 이승훈 동상

충돌하는 것이었습니다. 지배층에게 천주교는 오래도록 지켜 온 유교 전통을 무너뜨리는 사악한 종교로 간주되었습니다. 그 때문에 천주교에 대한 탄압이 지속되었습니다.

1801년 정순 왕후는 오가작통법으로 백성을 감시해 천주교도를 찾아내 벌을 주었고, 이때만 무려 300여 명의 천주교 신자들이 죽임을 당했습니다. 정약용을 비롯해 그의 형 정약전과 이승훈·이가환 등도 유배길에 오르거나 사약을 받았습니다. 또한 정조의 배다른 동생 은언군과 부인까지 찾아내 죽였습니다. 청나라에서 건너와 포교 활동을 벌이던 주문모 신부는 이 사건으로 큰 충격을 받고 스스로 의금부를 찾아갔습니다.

"내가 주문모요. 내가 바로 조선에 천주교를 퍼트린 사람이오. 죄 없는 사람을 죽이지 마오."

오가작통법이 뭐예요?
다섯 집을 '1통'으로 묶어 범죄자나 역모를 꾸민 자를 감시하도록 한 방법이었습니다. 오래전, 한명회의 건의로 성종 때 처음 실시된 제도였지요. 정순 왕후가 이 제도를 부활시켰는데, 그 이유는 천주교를 믿는 사람들을 감시하고 탄압하기 위해서였습니다. 다섯 가구 중에서 한 가구, 한 사람이라도 천주교를 믿는 사람이 나오면 다섯 가구 모두가 관가에 끌려가 크게 혼이 나야 했습니다.

▶ 우리나라 최초의 천주교 순교자 윤지충의 순교 때 모습을 표현한 동상. 윤지충은 천주교의 교리에 따라 제사를 지내지 않고 위패를 불태워 관아에 체포되었고, 이 문제가 조정에까지 보고되어 불효와 불충의 죄로 사형에 처해졌습니다.

주문모 또한 새남터에서 처형을 당하고 말았습니다. 살아남은 천주교도들은 지방 구석구석의 깊은 산골짜기로 숨어들었습니다. 이 사건을 신유년에 일어난 천주교 박해 사건이라고 해 '신유박해'라 불렀습니다.

그 직후, 주문모 신부에게 세례를 받은 황사영은, 청나라에 주문모 신부의 죽음을 알리기 위해 깨알 같은 글씨 1만 3000여 자를 얇은 비단에 썼습니다. 이 글을 「황사영 백서」라 불렀는데, 그 안에는 신유박해의 과정을 낱낱이 알리며 서양의 해군 병력을 파견하여 신앙의 자유를 얻을 수 있게 도와 달라는 내용이 담겨 있었지요. 하지만 황사영의 계획은 탄로 났고, 조정을 더욱 자극하여 천주교에 대한 탄압 정책에 기름을 부었습니다. 이 사

▲ 「황사영 백서」

건으로 또다시 수많은 천주교도들이 죽임을 당했습니다.

1839년에 일어난 기해박해 때에는 앙베르와 샤스탕 등 프랑스인 신부까지 처형되어 훗날 외교적인 마찰의 빌미가 되기도 했습니다. 1846년에는 우리나라 최초의 신부 김대건이 선교 활동을 펼치다가 붙잡혀 순교했습니다.

그럼에도 불구하고 천주교는 은밀하게 백성들 사이로 끊임없이 퍼져 나갔습니다. 처음 천주교를 따르고 전파했던 양반과 지식인의 수는 줄고, 오히려 부유한 사람보다 가난한 사람들이 천주교 신자가 되고자 했습니다. 무엇보다 천주교는 가장 핍박을 많이 받았던 농업·공업·상업에 종사하는, 대체로 신분이 낮은 사람들이 많이 믿었습니다. 뿐만 아니라 가부장적 유교 이념에 대항하는 가르침이 많아 여성 신자가 눈에 띄게 증가했습니다.

▲ 김대건 신부. 1821년 독실한 가톨릭 집안에서 태어나 우리나라 최초의 신부가 되었습니다. 마카오에서 신학과 프랑스어를 배우던 그는 조선에서 천주교도들이 박해를 받아 죽어 간다는 소식을 듣고 고국으로 돌아와 신도들을 격려하는 한편 천주교 전파에 힘썼지요. 그러나 조선에 들어온 지 채 1년도 되지 않아 붙잡혀 여러 차례 심문을 받다가 이듬해 9월 16일 새남터에서 처형당했습니다.

대동여지도의 제작자, 김정호

대동여지도는 철종 12년(1861년)에 완성된 것으로, 김정호가 혼자서 만든 것이지요. 그 과정에서 물론 현장답사도 했지만, 주로 규장각에 소장되어 있던 지도와 개인들이 수집하고 있던 지도를 참고해서 만들었다고 해요.

대동여지도는 20세기에 제작된 지도와 비교해도 손색이 없을 정도로 정확하다고 해요. 일제 강점기 때 일본인들이 현대적인 방법으로 5만 분의 1 지도를 만들었는데, 그와 비교해 보고 대동여지도의 정교함에 놀랐다고 해요.

대동여지도는 남북을 22단으로 나누어 만들었는데, 각각 하나하나를 '첩'이라고 부릅니다. 즉 22첩을 남북으로 합쳐 놓으면 우리나라 지도가 되는 거예요. 목판으로 제작되어 있어 여러 장의 지도를 찍어 낼 수 있답니다.

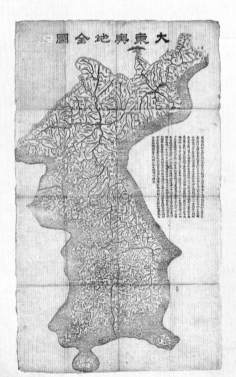

▲ 대동여지전도

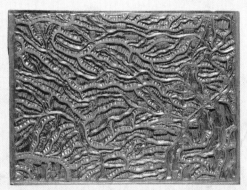

▲ 대동여지도 목판

추사체의 주인공, 김정희

실학자 박제가의 제자 김정희는 개성이 강한 서체를 선보였어요.
그의 글씨체는 호를 따서 '추사체'라는 독특한 이름을 얻게 되었지
요. 굵기와 가늘기가 제각각이면서, 파격적인 필법이 추사체의 특징이었

는데, 많은 사람들이 따라서 썼다고 해요.
왼편의 사진은 김정희가 북경 등지를 여행하면서
중국의 여러 서체와 필법을 연구하고 나서 그의 생
애 말년에 완성한 서체랍니다.
김정희는 시와 그림에도 능통하여 뛰어난 작품을
많이 남겼습니다. 특히 그림은 꾸밈이 없고 간결한
선으로 감정을 잘 드러내는 그림을 많이 그렸지요.
이후에는 조희룡이나 이하응(흥선 대원군) 등 많은
사람들에게 영향을 끼쳤답니다.

▲ 추사 김정희가 쓴 글씨

▲ 추사 김정희가 그린 〈세한도〉

18장 | 대원군의 개혁 정책과 외세의 침략

흥선 대원군의 개혁 정책

안동 김씨 세력의 틈바구니에서 겨우 명맥을 잇던 철종 임금은 깊은 병에 걸리고 말았습니다. 이 무렵, 안동 김씨 세력과 조대비신정 왕후는 각각 뒤이을 왕으로 누구를 내세우느냐는 문제에 골몰해 있었습니다.

이때 이하응흥선 대원군이, 조 대비에게 은밀히 편지 한 통을 보냈습니다.

"임금의 병이 위중한데 후사가 정해지지 않았으니, 소신의 둘째 아들 명복으로 하여금 대통을 잇게 하심이 어떨까 하옵니다. 만일 그렇게 한다면, 대비께서 그간 당한 억울한 일들을 쉽게 풀수 있도록 소신이 도울 것입니다."

편지를 받은 조 대비는 고개를 끄덕였습니다. 그렇지 않아도 수십 년 동안 안동 김씨 세력의 횡포 때문에 왕실의 어른이면서도 큰기침 소리 한번 내지 못했고, 뿐만 아니라 친정의 인척들 중에는 억울하게 옥살이를 하거나 귀양을 간 경우도 있었습니다. 조 대비는 이제야말로 안동 김씨 세력을 왕실에서 몰아낼 기회라 여겼습니다.

이윽고 철종이 세상을 떠나자 조 대비는 철인 왕후철종의 비가 거두었던 옥새를 취한 뒤, 명복을 왕위에 앉혔습니다. 그가 바로 고종26대이었습니다.

수렴청정을 맡은 조 대비는 흥선 대원군에게 사실상 섭정의 모든 권리를 넘겨주었습니다. 이로써 대원군은 말 그대로 나라의 권력을 한손에 쥐게 되었지요.

대원군은 세도 정치의 폐해를 누구보다 뼈저리게 깨닫고 있었으므로 곧바로 과감한 중앙집권 정책을 펴기 시작했습니다.

"당파와 문벌을 따지지 않고 인재를 등용할 것이다."

대원군은 보란 듯이 각각 파벌에서 골고루 사람을 뽑아 벼슬자리에 앉혔습니다. 그리하여 조 대비 쪽 사람인 조두순이 영의정

▲ 흥선 대원군

에, 안동 김씨 세력인 김병학이 좌의정에, 나아가 수십 년 이상 당파 싸움에 밀려 빛을 보지 못하던 남인 쪽 사람 유후조유성룡의 후손가 우의정에 임명되었습니다.

그리고 불편한 안팎의 기구와 제도를 고치면서 토지 제도와

세금 제도까지 정비했는데, "앞으로는 양반들도 세금을 내도록 하라!"며 벼슬아치들과 양반들을 긴장시켰습니다. 이런 조치로 이전까지는 세금 한 푼 안 내던 양반들까지 세금을 내야 했고, 그런 덕분에 나라의 재정이 좋아졌습니다. 나아가 대원군은 "양반이든 상민이든 사치 풍조를 금할 것이다! 벼슬아치는 함부로 모직과 짐승의 가죽으로 치장하지 말 것이며, 서민들도 명주옷을 입지 말라!"고 하여 검소하게 살 것을 명령했지요.

체제를 정비하는 과정에서 대원군은, 『대전회통』『경국대전』을 모법으로 한 조선 시대의 마지막 법전, 『양전편고』무관을 뽑는 방법을 정리한 지침서와 같은 책을 만들기도 했습니다.

또 대원군은 꼭 필요한 서원 47곳만 남겨 두고 나머지는 모두 철폐하라는 명을 내렸습니다. 사림의 지방 교육 기관인 서원이 국가 재정을 끝없이 좀먹고 있다고 본 것입니다. 그러자 서원에 기대어 살던 유생들이 벌떼같이 일어났습니다. 서원 철폐령을 거두지 않으면 죽음도 불사하겠다는 것이었어요. 하지만 대원군은 눈 하나 깜짝하지 않았습니다.

"네 이놈들! 참으로 가소롭구나. 그래도 예전의 선비들은, 백성이 배를 주리면 곡식을 풀어 살릴 줄 알았고, 난리가 일어나면 의병을 일으켜 목숨을 바쳤는데, 네놈들은 오히려 백성들을 족쳐서 서원의 군불이나 때고, 민란이 일어나면 서원에 죽치고 앉아 입씨름만 벌이지 않았느냐? 네놈들처럼 백성에게 해가 되는 사람의 말이라면, 공자가 달려와 엎드려 애원해도 절대로 들어 줄 수가 없느니라."

대원군이 또 큰 뜻을 품은 것은 경복궁을 새로 짓는 일이었습니다. 왕실의 위엄을 보이기 위해서라도 꼭 필요한 일이라고 생각했지요. 다만 재정이 문제였습니다. 신하들도 그런 이유를 들어 반대했고요.

그러자 대원군은 수하들을 시켜, "경복궁을 짓는데 김 참판 대감은 4만 냥을 내놓았다지요?"라는 등의 소문을 내서 양반과 백성 들이 자발적으로 모금에 참여하도록 했습니다. 그 덕분에 1867년 정궁인 근정전이 완성되고 수

◀ 당백전. 당백전 1개는 상평통보 100개 값으로 정해져 있었습니다. 그러나 당백전의 실제 가치를 따져 보면 고작해야 상평통보 5~6개 가치에 불과했지요. 당시까지도 사람들은 나라에서 정한 화폐 가치(명목 가치)를 믿기 어려워했어요. 그러니 당백전이 유통되기에는 큰 어려움이 따랐지요. 여기에 더해 갑자기 나라에서 큰돈을 찍어 내자 돈의 가치는 떨어지고 물가가 급등했어요. 당백전은 이중 삼중의 악화였던 셈이지요. 결국 시장이 큰 혼란에 빠지고 나서야 당백전 사용이 금지되었습니다.

정전이 지어졌습니다. 광화문과 흥례문도 단장을 마쳤습니다.

물론 이후에도 재정이 충분하지 않아 대원군은 새로운 화폐인 '당백전'을 발행해 강제로 유통시켰습니다. 하지만 이 때문에 물가가 폭등하고 화폐 제도에 혼란이 오는 등의 폐해도 생겨났습니다. 점차 백성들의 원망도 높아 갔고, 특히 나무가 모자라 양반들의 선산에서 나무를 베어 오게 한 일은 양반들이 대원군을 더 싫어하도록 만드는 계기가 되었습니다.

그렇지만 대원군의 등장으로 세도 정치는 사라졌고, 벼슬아치들의 부패도 많이 없어졌습니다. 그 때문에 이 무렵 조선에 첫발을 디딘 미국인 헐버트는 "대원군은 조선에 나타난 최후의 실력자일 것입니다"라는 말을 하기도 했습니다.

외세의 침략과 쇄국 정책

천주교 탄압과 병인양요 ✿ 강력한 개혁 정책으로 나라 안은 안정을 찾아 갔습니다. 그런데 이번에는 밖으로부터 충격이 가해졌습니다.

"이양선이 나타났다!"

영국과 프랑스의 군함과 상선 들은 물론, 미국과 러시아의 배까지 조선의 해안을 기웃거렸던 것입니다. 순조 때에는 영국 상선 한 척이 충청도 해안에 나타나 무역을 요청했고, 헌종 때에는 영국 군함 한 척이 남해안의 다도해를 측량하면서 통상을 요구했습니다. 이후에도 프랑스 군함 세 척이 충청도 해안에 출현하였고, 철종 때에는 러시아 군함 두 척이 함경도 해안에 나타나 동해안을 측량하고 돌아가기도 했습니다. 그때마다 조선에서는 이양선이 요구하는 물과 음식 정도는 제공해 주기도 했지만, 서양인들이 조선 땅을 밟지는 못하게 막았습니다.

대원군 역시 청나라와의 외교 관계 외에는 나라 문을 굳건히 닫아걸고 있었습니다. 국경 너머 청나라는 서양 세력과 숱한 전쟁을 빚고 있었지요. 시간이 흐를수록, 통상 요구가 거세어질수록, 대원군은 그를 거절하는 것이 곤경에 처하지 않는 유일한 방법이라 굳게 믿게 되었지요.

그러던 어느 날, 대원군은 오래전 절친했던 남상교의 아들이자 천주교도인 남종삼으로부터 그럴듯한 이야기를 들었습니다.

"프랑스와 영국이 합세하면 호시탐탐 조선을 노리는 러시아를 물리칠 수 있습니다. 천주교를 인정해 주면, 프랑스 주교를 통해 이 일을 성사시킬 수 있습니다."

마침 대원군은 자꾸만 남하하는 러시아의 위협에 골머리를 앓고 있었습니다. 그 때문에 대원군은 남종삼의 이야기가 솔깃

했던 것이지요. 이를테면 '오랑캐는 오랑캐로 물리친다'는, '이 이제이'의 방법을 쓰자는 것이었어요. 하지만 천주교 주교와의 만남을 준비하던 중, 청나라의 천주교 탄압 소식이 날아들었습니다. 서구 세력에 대한 대항이 천주교에 대한 탄압으로 표현되던 시절이었습니다. 이러한 상황에서 원로 대신들은 끊임없이 천주교를 몰아내라 요구하고 있던 터였어요. 대원군은 더 이상 천주교를 옹호할 수 없다는 것을 깨달았습니다.

1866년, 대원군은 마침내 천주교도들에 대한 탄압의 칼을 빼

▲ 강화도에 상륙한 프랑스군

들고 9명의 프랑스인 선교사와 함께 1만여 명에 가까운 천주교
신자들을 처형토록 했습니다. 이른바 병인박해였습니다.

병인박해를 피해 가까스로 목숨을 건져 청나라로 피신한 리
델 신부는 청나라에 정박 중이던 프랑스 극동 함대 사령관 로즈
를 찾아갔습니다. 그리고 조선에서 프랑스인 신부와 수많은 천
주교도들이 목숨을 잃었다는 사실을 알렸지요.

이에 로즈 제독은 곧바로 군함 세 척을 이끌고 서해에 접근하
여 한강을 따라 양화진까지 거슬러 올라왔습니다. 그리고 한강
의 깊이를 재는 등 주변 형세를 살핀 뒤 얼마 후 다시 일곱 척의
군함을 이끌고 나타나 강화도로 향했습니다. 그들은 초지진에서

저항하는 조선군을 단숨에 격파하고 갑곶진에 상륙했습니다. 그리고 물밀듯이 강화읍으로 밀려들어 갔습니다. 그들은 곧 강화성을 점령하고 대포와 총 등을 빼앗았습니다. 뿐만 아니라 외규장각에 보관되어 있던 의궤왕의 자손이 태어나거나 왕이 행차하는 등, 왕실의 큰 행사들을 그림으로 기록한 책를 비롯해 300점이 넘는 왕실 서적을 닥치는 대로 약탈해 갔습니다. 대원군은 격노하여 로즈 제독에게 경고하는 글을 보냈습니다.

남의 나라에 침입하여 국헌을 문란케 하니 마땅히 사형으로 다스릴 지어다. 그대들은 침략자가 되지 말고 서둘러 돌아가라!

▲ 양헌수 장군 초상

그리고 포수를 모아 강화도로 보냈습니다. 조선의 장수 양헌수는 포수를 이끌고 정족산성으로 들어가 침략군과 맞섰습니다. 무기의 성능이 프랑스군의 것에 비해 월등히 떨어지는 것이었지만, 포수들의 사격 솜씨만큼은 매우 훌륭했습니다. 그들은 프랑스군이 가까이 다가오기를 기다려 사격을 개시했습니다.

이 전투에서 프랑스군은 모두 6명이 죽고 수십 명이 부상당했습니다. 조선군 1명이 죽고 4명이 부상당한 것에 비하면 프랑스군의 손실이 만만치 않앉지요. 결국 프랑스 함대는 물러가지 않을 수 없었습니다. 이를 병인양요라고 했습니다.

이로써 싸움에 이긴 대원군은 자신감을 얻고, 더욱 철저하게 문호를 닫았습니다.

그러나 밖으로부터의 자극은 거듭되었습니다. 1868년에는 독일인 상인 오페르트가 충청남도 덕산에 있는 대원군의 아버지, 남연군의 무덤을 도굴하는 끔찍한 일을 저질렀습니다.

"아비의 유해를 대가로 건다면 더 이상 통상을 거부할 수 없을 거다!"

오페르트는 남연군의 유골을 돌려주는 대가로 통상을 요구할 계획이었습니다. 하지만 계획은 수포로 돌아갔고, 이를 계기로 대원군은 외세를 향해 더욱더 큰 저항감을 품게 되었습니다.

신미양요와 척화비 ◉ 병인양요가 일어나기 직전, 미국 국적의 제너럴셔먼호가 대동강을 거슬러 올라와 평양에서 불타 버린 일이 있었습니다.

이때 제너럴셔먼호에는 면경과 자명종을 비롯해 그릇과 비단 등이 실려 있었으며, 미국인 프레스턴과 영국인 동업자 호가스를 비롯해 20여 명의 선원이 타고 있었습니다. 하지만 말이 상선이었지, 이들은 총과 대포로 무장하고 있었기에 해적선이나 다름없었습니다.

이때 평안 감사 박규수는 중군 이현익과 군관 방익용 등을 내보내 돌아가도록 설득했습니다.

"우리나라는 서양과의 교역을 금지하고 있소. 상륙할 수 없으니 돌아가시오."

하지만 제너럴셔먼호의 서양인들은 조선의 장수를 납치하는 등 소란을 피웠습니다. 그러자 일반 백성들까지 달려 나와 배를 향해 소리를 치며 시위했습니다. 하지만 제너럴셔먼호에서는 총을 쏘면서 백성들을 위협했습니다.

결국 싸움이 벌어졌습니다. 평안 감사 박규수는 백성들과 합세하여 제너럴셔먼호를 불태워 버렸습니다. 서양인들이 뒤늦게 살려 달라고 애원했으나, 이들은 모두 물에 빠져 죽거나 성난 군중에 의해 피살되었습니다.

그로부터 5년 뒤, 뒤늦게 이 소식을 접한 미국은 북경에 있던 공사 로우와 아시아 함대 사령관 로저스에게 강화도로 이동할 것을 명령했습니다. 로저스는 강력한 해군력으로 조선을

▲ 신미양요 때 강화도에 상륙한 미국의 콜로라도호(왼쪽)와 선원들(오른쪽)이에요.

개국시켜 통상 조약을 체결해야 한다는 입장을 가진 사람이었습니다.

곧 로저스는 콜로라도호를 비롯해 군함 다섯 척과 대포 85문, 1230명의 해병대를 거느리고 강화도를 향해 전진했습니다.

당시 흥선 대원군은 병인양요 이후 강화도의 성곽을 수리하고 포대를 축조하고 대포를 주조하는 등 방어 태세를 갖추도록 하여 서양의 침범에 준비를 마친 상태였습니다. 강화도를 지키던 수비병들은 미국 군함이 강화 해협을 통과하여 침입해 오자 일제히 포를 쏘며 공격하였습니다. 하지만 우리 측의 대포로는 미군의 상대가 되지 못했습니다. 결국 초지진이 가장 먼저 미군에 점령당하고 말았습니다.

이어 광성보에서 전투가 벌어졌습니다. 이때, 어재연이 거느린 조선군은 완강히 저항했습니다. 그러자 미군도 안되겠다 싶었는지, 마케 중위를 앞세워 100명의 결사대를 보내왔습니다.

마침 이 무렵, 조선군도 탄약이 거의 다 떨어진 참이었습니다.

"우리는 더 이상 물러날 곳이 없다. 적이 달려들면 죽을 각오로 덤벼들어라!"

이 전투에서 어재연 장군이 전사하고, 조선 병사 200여 명이 목숨을 잃었습니다. 그러자 미군은 제 나라의 국기를 게양하고 승리를 자축했습니다. 이 싸움을 신미양요라고 불렀습니다.1871년

한편 싸움이 끝난 뒤 조정에서는 조심스럽게 대원군의 쇄국 정책이 지닌 문제점에 대한 의견들이 흘러나왔습니다. 여기에는 대원군의 아들이자 임금인 고종도 나섰습니다.

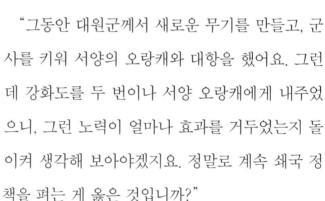
▲ 고종 어진

"그동안 대원군께서 새로운 무기를 만들고, 군사를 키워 서양의 오랑캐와 대항을 했어요. 그런데 강화도를 두 번이나 서양 오랑캐에게 내주었으니, 그런 노력이 얼마나 효과를 거두었는지 돌이켜 생각해 보아야겠지요. 정말로 계속 쇄국 정책을 펴는 게 옳은 것입니까?"

평안 감사 시절 제너럴셔먼호를 물리치는 데 큰 공을 세웠던 박규수도 개화를 주장했습니다.

"청나라에서는 지금 서양 문물을 수용해 부국강병을 이루자는 근대화 운동양무운동이 벌어지고 있습니다. 우리도 시대의 흐름을 받아들일 때가 왔습니다."

또한 박규수를 따라 통역관으로 여러 차례 청나라를 방문했던 오경석도 이런 의견을 내놓았습니다.

"청나라를 돌아보시면 압니다. 청나라는 지금 서양 오랑캐의 신무기에 힘없이 무너져 내리고 있습니다. 오히려 지금 서양과 국교를 맺고 변화해 나가야 할 때가 아닌가 합니다."

하지만 대원군은 고집을 꺾지 않았습니다.

"지금은 나라 힘을 키우는 것이 더 중요하오. 나라의 힘이 미약한데, 이런 때에 문호를 개방하면 청나라처럼 서양 강대국에 나라를 빼앗길지도 모른단 말이오."

특히 대원군은 두 차례의 양요를 거치면서 이겼다는 자부심에 가득 차 있었습니다. 그 때문에 자신의 의견에서 한 치도 물러날 기미를 보이지 않았습니다. 오히려 대원군은 강화도에 접근하는 외국 선박에 대해 이유를 불문하고 발포하도록 명령을 내렸습니다. 아울러 통상 수교 거부 정책을 더욱 굳혀 갔습니다. 또한 흥선 대원군은 서양을 배척한다는 결의를 보여주기 위해, 척화비를 세웠습니다. 척화비에는 이렇게 쓰여 있었습니다.

▲ 덕진진 경고비. 강화 해협의 조선군 요새였던 덕진진에 세워진 이 비석은, '바다의 척화비'라고 불립니다. 비석에는 총탄을 맞은 흔적이 남아 있어요.

서양 오랑캐가 침범함에 싸우지 않으면 곧 화의인데, 화의를 주장함은 나라를 파는 것이다.

대원군은 척화비를 서울 종로와 전국 각지에 세워 자신의 의지를 알렸습니다.

하지만 이즈음부터 대원군의 권력도 빛이 바래기 시작했습니다. 고종 임금이 친정_{직접 정치에 나섬}에 나섰던 것입니다. 거기에 더하여 왕후 민씨_{명성 황후}가 자신의 친인척을 조정의 요직에 앉힘으로써 대원군은 점차 힘을 잃었습니다. 결정적으로 유학자 최익현이 상소를 올려 "대원군이 서원을 철폐한 일과 새 궁궐을 짓기 위해 기부금_{원납전}을 징수한 일 등은 모두 잘못된 일이며, 나아가 나랏일에서 손을 떼야 한다"고 주장했는데, 고종이 그를 나무라기는커녕 오히려 벼슬을 더 높여 주자, 대원군은 이에 불만을 품고 궁궐을 나가 파주의 별장으로 떠나 버렸습니다.

명성 황후는 어떤 사람이에요?

고종은 원래 김병문의 가문과 혼사를 맺기로 되어 있었는데, 대원군은 그가 안동 김씨라 세도를 부릴 것을 염려하여, 고종으로 하여금 몰락한 지방 양반인 민치록의 딸 민자영을 왕비로 맞게 했습니다. 하지만 명성 황후는 고종이 성인이 되자 정치에 관여하며 일가 친척을 등용해 대원군의 권력을 약화시켰습니다.

일본의 침략과 강화도 조약

두 차례의 양요 후, 한동안 이양선의 출몰은 잦아들었습니다. 대원군은 그것이 강력한 척화 정책 때문이라고 믿고 있었지만, 사정은 달랐습니다.

이즈음, 프랑스나 미국은 조선과의 통상 수교에 큰 기대를 하지 않고 있는 상황이었습니다. 그러므로 전면적인 전투를 치를 입장도 아니었지요. 당시 프랑스는 베트남의 식민지 경영에 바빴고, 미국은 남북 전쟁 이후 서부 개척에 여념이 없을 때였어요. 또한 영국은 인도의 내란 수습에, 러시아는 연해주 개척에 공을 들일 때였습니다. 그러므로 서양 강대국들 입장에서는 대규모 군사 작전을 감행하면서까지 작고 보잘것없는 조선의 문호를 당장 개방시켜야 할 필요성이 크지 않았습니다.

하지만 일본만은 사정이 달랐습니다. 서양 여러 나라들이 제각각의 사정 때문에 조선에까지 적극적으로 손을 뻗지 못한 것과는 달리, 일본은 조선에 대하여 적극적인 태도를 취할 수 있었습니다.

▲ 정한론을 둘러싸고 일본 정치인들이 논쟁을 벌이는 모습이에요.

일본은 1858년 철종 9년에 이미 미국과 통상 조약을 맺은 이후 발 빠르게 서양 여러 나라와도 차례로 통상 조약을 체결했습니다. 이어 1867년 고종 4년에는 도쿠가와 막부가 무너지고 천황이 정치의 중심이 되는 왕정 복고를 단행하기도 했습니다. 이때 새로 들어선 메이지 정부는 서양의 근대 문명을 적극적으로 받아들여 부국강병책을 펴 나갔습니다.

그런 뒤, 일본 역시 다른 열강들처럼 조선에 눈길을 돌렸습니다. 그들은 조선에 외교 문서를 보내 새로운 외교 관계를 맺자고 알려 왔습니다. 그런데 이 외교 문서에서 일본은 '대일본'이라든가 '황상'과 같은 표현을 쓰면서 오만방자함을 서슴지 않았습니다.

"지난 수백 년간 일본은 우리 조선보다 미천한 나라였다. 그런데 그런 나라를 어찌 대일본이라 부를 수 있으며, 또한 그 나라 왕을 어찌 황상이라 부를 수 있단 말인가?"

외교 문서를 본 고종은 노발대발하면서 일본에게 외교 문서를 고칠 것을 요구했습니다. 하지만 일본은 조금도 물러서지 않고 외교 관계만을 거듭 요청해 왔습니다. 이에 조선 조정은 이를 거절했습니다.

그러자 일본은 군사적인 압력을 가하지 않는 한 조선과 외교 관계를 맺을 수 없다고 판단했습니다.

이윽고 1875년 9월 20일, 일본 군함 운요호가 강화도에 나타났습니다. 이때, 조선군 병사들은 거듭 경고를 하며 물러갈 것을 요구했습니다. 하지만 운요호의 일본인들은 '먹을 것을 구하러 왔다'며 물러나지 않았습니다. 하는 수 없이 조선의 병사들은 운요호를 향해 포격을 가했습니다.

포격을 받은 운요호는 기다렸다는 듯 즉시 대응사격을 가해 초지진을 쑥밭으로 만들어 버렸습니다. 오후에는 영종도 해안에 상륙해 조선군을 죽이고 민가를 약탈했습니다. 그런 뒤, 운요호는 돌아갔습니다.

그러더니 5개월 후, "일전에 조선군이 강화 앞바다에서 우리 일본의 군함 운요호를 먼저 공격한 것에 대한 책임을 묻고자 한다"면서 회담을 요구했습니다. 포격을 먼저 가한 쪽은 물론 조선군이었지만, 이 모든 것은 일본이 철저하게 의도한 것이었습니다.

일본은 구로다를 특명 전권 대신으로 임명하여 군함 세 척과

▲ 강화도 조약 체결 장면(모형, 강화역사박물관)

운송선 네 척, 그리고 약 800명의 군사를 보내 강화도의 갑곶진에 상륙하게 했습니다. 그들은 곧 외교를 맺지 않으면 한양까지 쳐들어가겠다며 엄포를 놓았습니다.

하는 수 없이 조선의 조정에서는 부랴부랴 신헌을 접견 대신으로 강화도에 보냈습니다. 이때 구로다는 조선 조정에 오만하게 요구했습니다.

"조선은 일본의 운요호에 포격한 잘못을 사과하고 즉시 외교 조약을 체결하시오. 그러지 않으면 무력을 사용할 것이오."

조선 조정은 일단 전쟁을 피하는 것이 낫겠다고 판단했습니다. 결국 조선은 일본이 원하는 대로 조약을 체결하기로 했습니다. 이것이 이른바 조·일 수호 조규였습니다. 또는 강화도 조약이라고도 불렀습니다. 1876년

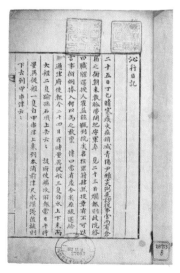

▲ 『심행일기』. 강화도 조약의 과정을 기록한 책이에요.

강화도 조약은 일본군의 위협 아래서 체결된 것이어서 불평등한 내용이 많았습니다. 모두 12개 조항으로 되어 있는 강화도 조약은, 조선이 자주 국가로서 일본과 평등한 권리를 가진다는 것과, 20개월 안에 부산과 그 밖의 2개 항구를 개항한다는 것, 그리고 일본이 수시로 조선의 해안을 측량할 수 있다는 내용, 개항장에는 일본인의 조차지 통치권까지 위임받아 빌려 쓰는 영토를 설정할 수 있으며, 개항장에 거주하는

▲ 강화도 조약문

일본인은 일본의 국내법으로 재판해야 한다는 등의 내용이 들어 있었습니다. 어느 모로 보나 조선에는 매우 불리한 내용이었습니다.

조선이 일본과 평등한 자주 국가라는 게 왜 불리한 조건이냐고요? 이 당연한 사실을 명시한 이유는, 청나라가 조선에 대해 행사하고 있던 영향력을 배격하기 위한 것이었지요. 또 그를 통해 조선 침략의 발판을 마련하기 위한 것이었어요.

한편 강화도 조약은 조선이 국제적인 무대에 등장하게 되는 첫 출발점이 되었습니다. 이를 계기로 점차 서양 여러 나라와의 통상도 시작되고 오랫동안 닫혀 있던 문호가 세계를 향해 열리게 되었습니다.

조선과 서양 세계의 만남

조선에 대한 정보가 서양에 알려지기 시작한 것은 대략 임진왜란 무렵이었어요. 이때 중국과 일본에 머물던 선교사의 입을 통해서 전해진 것이지요. 하지만 이 당시에는 왜곡된 소문이 많아서, "조선에는 금이 많고, 여우 꼬리털로 만든 붓을 사용하며, 인육을 먹는다. 꼬리가 무려 1m나 되는 닭도 키우고 있다"는 식의 정보들이었지요.

조선에 대해서 조금 더 알려진 것은 1668년 제주도에 표류한 하멜이 『하멜 표류기』란 책을 내면서부터였어요. 하멜은 1653년 일본으로 가는 중에 태풍으로 제주에 표류했고, 이후 13년을 살다가 탈출하여 네덜란드로 돌아갔지요. 이때 조선 사람들은 유럽을 '남만인'(남쪽 오랑캐라는 뜻)으로 불렀습니다.

물론 조선 사람들도 서양에 대해 모르고 있기는 마찬가지였지요. 조선 시대에 그려진 세계지도를 보아도 이웃 중국이 가장 크게 그려져 있지요.

이처럼 조선과 서양이 서로에 대해서 잘 알지 못했던 이유는, 한반도가 북쪽에 치우쳐 있어서 태평양을 지나다니는 배들이 난파를 하더라도 조선 땅까지 이르기는 무척 어려웠기 때문이에요. 그 반면 중국은 땅도 넓고 육로로도 교통이 가능해서 일찍부터 서양인들이 자주 드나들었답니다.

소현 세자(인조의 첫째 아들)도 볼모로 청나라에 붙잡혀 있을 때, 이런 경로로 천주교

▲ 하멜이 탔던 것과 같은 모양의 배

를 전파하려는 선교사들을 만났지요. 소현 세자는 이들을 통해 망원
경이나 자명종, 또는 수학과 천문학에 관련된 책들을 들여왔어요.
이후에는 실학자들이 적극적으로 서양의 물건과 서책 들을 들여오
기 시작했지요. 그중에는 소총과 같은 물건처럼 실용화된 것도 있었답
니다. 천주교도 이런 경로를 통해 들어온 것이지요.

18세기에 들어서면서 서양은 적극적으로 시장 개척에 나섰고, 동양의 여러 나라들은 그들
의 강압에 못 이겨 문호를 개방하기 시작했어요. 중국(청나라)도 서양에 문호를 닫고 있다
가 19세기 중반 아편 전쟁 이후에 여러 항구를 개방했죠.

18세기 후반, 기어코 서양의 배들은 조선의 바다에 한둘씩 나타나기 시작했고, 배의 모양
이 사뭇 달라서 조선 사람들은 '이양선'이라고 불렀지요. 이 무렵부터 서양 사람들은 적극
적으로 조선과 무역 하기를 원했고, 이양선은 끊임없이 출몰했답니다.

▲ 아편 전쟁. 영국은 청나라에 아편을 팔고 그 대가로 은을 가져갔습니다. 이로써 숱한 사람들이
아편에 중독되는가 하면 나라 안의 은이 급속히 빠져 나가 국가 재정이 휘청거렸습니다. 이에 청
나라는 아편 무역을 금지했고, 이를 계기로 영국은 전쟁을 일으켰지요.

19장 | 개화와 척사의 대립

개화 운동과 위정 척사 운동

강화도 조약이 체결된 그해, 일본은 조선에 사절단을 보내라고 요구했습니다. 이에 조선 조정에서는 일본의 사정을 살피고자 김기수를 포함한 76명의 사절단을 일본에 보냈습니다. 이때, 김기수는 일본에 도착하여 기관차와 증기선, 신식 건물들, 가스등 불빛 등 신문물을 보고 크게 놀랐습니다. 김기수는 이런 모든 것을 자세히 살피고, 그대로 기록하여 고종에게 바쳤습니다. 바로『일동기유』란 책이었는데, 이로 인해 고종과 많은 대신들은 세계 정세와 신문명에 더 큰 관심을 갖게 되었습니다.

고종은 내친김에 김홍집을 앞세워 한 번 더 수신사를 보냈습니다. 김홍집은 조선으로 돌아올 때,『조선책략』과『이언』이라는 책을 가져왔는데, 청나라 학자들이 지은 이 두 권의 책은 조정과 벼슬아치들을 큰 충격에 빠뜨렸

▲『조선책략』

습니다. 『조선책략』에는, "조선이 러시아의 침략을 막으려면, 중국과 친하고, 일본과 손잡고, 미국과도 우호적인 관계를 맺어야 한다!"는 내용이 담겨 있었고, 『이언』에는 "천주교나 기독교는 굳이 따지자면 주자학과 크게 다르지 않으니 배척하지 말아야 한다"는 내용이 담겨 있었습니다.

이에 자극받은 고종과 명성 황후는 제도의 개혁부터 서둘러야겠다고 마음먹었습니다. 그리고는 청나라의 기구를 본떠 '통리기무아문'을 설치했습니다. 조정의 이러한 움직임에 신하들 사이에서도 개화를 해야 한다는 주장이 탄력을 받기 시작했습니다.

하지만 한편에서는 그 반대의 목소리도 흘러나왔습니다. 다름 아닌, 성리학을 근본으로 삼아 그 밖의 다른 이질적 문화를 배척해야 한다는 위정척사 운동이었습니다. 이들은 서양 및 일본의 새로운 문화를 받아들이는 것에 대해 매우 비판적이었습니다. 이항로, 기정진 등의 성리학자들은 일찍이 병인양요 때 이러한 주장을 펼쳤습니다.

통리기무아문이 뭐예요?
조선의 조정은 1880년 12월, 통리기무아문을 설치했습니다. 그리고 그 밑에는 사대·교린·군무·변정·통상·군물·기계·선함·기연·어학·전선·이용의 12사를 두어 각기 해당 사무를 장악하게 하였습니다. 이 각각의 부서에서는 이웃 나라에 대한 정보 수집과 통상, 또한 무기 제조 등의 업무를 보았습니다. 이처럼 새로운 행정 기구는 당시 국제 정세에 대처하여 부국강병을 이루려는 의도에서 나온 것이었지요.

"서양과 화친하면 사람이 짐승과 같아질 것이니, 서양과 싸워야 하오. 서양의 적을 공격할 수 있다는 것은 조선 사람의 말이며, 그들과 화친할 수 있다는 것은 적이 하는 말이오."

이뿐만 아니라 자본주의 열강의 경제 침략이 조선에 엄청난

재앙을 가져올 것이라고 경고하기도 했습니다.

"만일 조선이 산업 발전 단계에 차이가 있는 서양과 통상을 하게 되면, 조선은 생산 자원을 고갈시키게 될 뿐이오."

▲ 최익현 초상

그러므로 서양 물품을 사용하지 말 것을 주장하면서, 그렇게 되면 자연히 통상도 불필요하게 될 것이라고 말했습니다.

이러한 사상은 제자들에게로 이어졌습니다. 강화도 조약 이후, 일본과 통상이 시작되자 유생들은 이에 대해서도 반대의 목소리를 냈습니다. 특히 최익현은 도끼를 들고 궁궐 앞에 나가 반대 상소를 올렸습니다.

"왜와 서양은 다르지 않습니다. 일본과 통상을 하면 틀림없이 서양의 경제적인 침략을 받게 될 것이며, 아울러 천주교의 만연을 초래할 것입니다."

이른바 '왜·양 일체론'이라고 하는 최익현의 이러한 주장에는 많은 유생들이 동참했습니다. 나아가 최익현은 일본에 쌀을 팔면 조선에는 틀림없이 쌀이 부족해질 거라고 경고했습니다.

▲ 조·미 수호 통상 조약문. 『조선책략』이 소개된 후, 조선의 외교 정책은 쇄국에서 개국으로 전환됩니다. 1882년엔 미국과도 통상 조약이 맺어졌지요.

그러던 1881년, 이만손을 대표로 하는 영남의 수많은 유생들이 서명을 담은 상소를 올렸습니다.

"서양이나 일본과 손을 잡는 것은 오랑캐를 불러들이는 것과 다름없는 일이며, 이는 또한 전쟁을 자초하는 것입니다."

이 상소를 '영남 만인소'라고 했습니다. 그 뒤로 더 많은 유생들이 상소를 올려 개화를 반대하자 조정에서는 이만손을 잡아들여 귀양을 보내고 위정 척사 운동을 강하게 탄압했습니다.

임오 군란과 제물포 조약

임오군란과 대원군의 재등장  1881년 고종은 '별기군'이라 이름 붙인 신식 군대를 창설했습니다. 겉으로는 조선의 낡은 제도를 하나씩 바꾸어 나가려는 정책의 일부로 보였지만, 그 이면에는 지속적인 집권을 위한 친위 부대의 양성이라는 목적도 숨어 있었습니다.

별기군은 신식 총으로 무장했고, 훈련도 일본식으로 받았으며, 좋은 옷과 많은 급료를 지불받았습니다. 따라서 별기군에 소속된 군인들의 자부심도 대단했지요. 하지만 이에 비해 구식 군대는 차별을 받았습니다.

이미 구식 군대의 군인들은, 대원군이 물러난 뒤부터 겨우 쌀 너 말에 해당하는 급료만 받았고, 그것조차 제때에 지불받지 못하는 일이 많았습니다. 급료를 받지 못한 지가 7개월이 넘어서면서 이들의 불만은 극에 달했습니다. 무엇보다 급료를 지불하는 선혜청의 책임자 민겸호가 군인들에게 급료로 나누어 주어야 할 양곡을 빼돌렸기 때문이었죠.

그러던 차에 구식 군대 군인들 사이에 모처럼 반가운 소문이 떠돌았습니다.

"이보게, 곧 군료미_{월급으로 받는 쌀}를 지급한다네. 어서 도

▶ 별기군

봉소로 가 보세."

그러나 도봉소에 이른 군인들은 실망과 분노로 몸을 떨어야
했습니다. 왜냐하면 군료로 지급된 쌀가마니 속 쌀이 절반은 물
에 불어서 썩고 그 나머지도 모래로 채워졌던 거예요.

그 때문에 구식 군대의 군인들 사이에서 불만이 터져 나올 수밖에 없었는데, 듣고 있던 창고지기가 오히려 구식 군인들을 나무랐습니다. 참지 못한 김춘영과 유복만이 창고지기의 멱살을 잡아 내동댕이쳤습니다. 그러자 민겸호가 달려 나와 2명의 구식 군인을 붙잡아 심하게 매질을 가했습니다.

이 일이 알려지자 구식 군인들은 무리를 모아 민겸호의 집으로 달려갔습니다. 이때에도 민겸호의 하인들은 구식 군인들에게 기왓장을 던지며 행패를 부렸지요. 화를 참을 수 없었던 구식 군인들은 마침내 민겸호의 집을 불사르고 재물을 약탈한 뒤, 무기고를 습격해 무장하기에 이르렀습니다. 그날 밤, 무기를 들고 모인 군인들만 1만 명이 넘었습니다. 이 사건을 임오군란이라 불렀습니다.1882년

이즈음, 호시탐탐 재기의 기회를 노리고 있던 대원군은 은밀히 사람을 시켜 난동을 부리는 군인들에게 음식을 보내 격려했습니다. 그러자 군인들은 더욱 용기를 얻었고, 이튿날에는 의금부를 습격해 억울하게 갇힌 군인들을 풀어 주기도 했습니다.

마침내 군인들은 흥선 대원군의 집으로 달려갔습니다.

"대원위 대감! 대감께서 다시 나라 살림을 맡아 주셔야 하옵니다!"

군인들의 요구에 대원군은 일단 사양하고, 대신 행동 지침을 알려 주었습니다. 또한 자신의 심복 몇 명에게 군인 옷을 입혀

그들을 지휘하게 했지요. 이에 군인들은 고관대작들의 집을 습격하고 일본 공사관과 별기군 훈련장을 덮쳐 일본인 3명과 별기군 교관 호리모토 레이조 소위를 찾아내 살해했습니다. 하나부사 공사만이 겨우 인천으로 빠져나가 영국 증기선을 타고 일본으로 도망쳤습니다.

성난 군인들의 행렬이 이튿날에도 계속되자, 고종은 하는 수없이 신하들에게 바삐 일렀습니다.

"대원군을 모셔 와라! 대원군께 나랏일을 맡길 것이다! 모든 일은 대원군과 상의하라!"

그런 중에도 군인들은, "민비를 찾아내라!"면서 대궐 안팎을 휘젓고 다녔습니다. 그러나 명성 황후는 부대부인대원군의 부인의 도움으로 궁궐을 빠져나가 장호원으로 피신한 뒤였습니다.

숨어 있던 민겸호는 대원군의 도포 자락을 물고 늘어지며 살려 달라고 애원했지만 대원군은 싸늘하게 돌아섰습니다. 결국 군인들에게 끌려간 민겸호는 그들에게 살해당하고 말았습니다.

이윽고 대원군이 구식 군대의 호위를 받으며 창덕궁으로 돌아왔습니다.

대원군은 곧 군인들의 요청에 따라 2영과 별기군을 없애고 5군영을 부활시켰습니다. 뿐만 아니라 통리기무아문도 폐지했습니다. 한동안 고종과 명성 황후가 줄기차게 밀어붙이던 개화 정책은 일시에 중단되었습니다.

제물포 조약 🌸 대원군이 다시 조정에 나섰을 무렵, 명성 황후는 청나라에 사절로 가 있는 김윤식에게 연락을 취해 청나라의 도움을 청하도록 했습니다.

그러자 조선의 사정을 알게 된 청나라에서는 흔쾌히 응했습니다. 그렇지 않아도 일본이 조선에서 세력을 넓히려는 것이 못마땅하던 터였습니다.

"좋소. 우리 군대를 조선에 보내기로 하겠소."

청나라는 곧 정여창, 마건충, 원세개 등을 출동시켰습니다. 그들은 군함을 이끌고 조선에 상륙했습니다. 그리고 사사건건 조선의 나랏일에 참견하며 대원군에게 임오군란의 책임을 따지기 시작했습니다.

한편, 인천으로 도망갔다가 제물포를 거쳐 영국 선박 편으로 일본에 도착한 일본 공사 하나부사도 본국에 임오군란의 상황을 보고했습니다. 깜짝 놀란 일본도 군대를 보내기로 했습니다.

이윽고 하나부사는 군함 네 척과 보병 1개 대대를 이끌고 조선으로 돌아와 고종을 만났습니다.

"조선은 마땅히 임오군란의 책임을 져야 합니다. 따라서 문서로 우리 일본에 사죄해야 하며, 위자료를 지급해야 합니다. 뿐만 아니라 범인을 체포하여 우리 일본인이 보는 곳에서 처형해야 할 것이며, 조사 결과 조선 정부의 책임이 중대할 경우에는 거제도 또는 울릉도를 할양해야 할 것입니다. 아울러 앞으로는 일본 공사관의 병력을 보호해 주어야 하며, 이어서 함흥·대구·양화진을 우리 일본인들에게 개방해야 합니다. 또한 일본 공사 및 영사관원이 대륙 여행을 자유롭게 할 수 있도록 보장해야 할 것입니다."

일본의 거듭된 요구로 고종은 그중에서 몇 가지만 들어주기로 했습니다.

20일 이내에 이 난리를 일으킨 자를

체포하여 중벌로 다스릴 것.

피해 입은 일본인을

융숭한 예로 장사 지내 줄 것.

일본인 피해자 유족들에게

5만 원을 지급할 것.

폭거로 입은 손해 배상금 50만 원을

5년 거치로 1년에 10만 원씩 청산할 것.

조선은 대관을 특파하고 국서를 보내어

일본에 사죄할 것.

이것이 바로 제물포 조약이었습니다.

굴욕적인 조약 체결과 청군의 간섭으로 임오군란에 참여했던 군인 170명이 체포되었고, 그중 11명이 참수되었습니다.

한편 조선에 세력을 뻗치기 위해 호시탐탐 기회를 엿보고 있던 청나라는 대원군을 제거할 계획을 세웠습니다.

청군의 책임자 마건충은 대원군을 두 번이나 자신의 막사로 초청해 대원군의 경계심을 누그러뜨습니다. 그리고 대원군을 후하게 대

▲ 제물포 조약 문서

접하여 돌려보냈습니다. 그러기를 세 번 반복하자 대원군은 청나라도 자신을 돕는다고 생각했습니다.

그러나 세 번째 초청을 받아 갔을 때 마건충이 대뜸 말했습니다.

"조선의 국왕은 청의 황제가 책봉한 것이 아니오? 그렇다면, 모든 정령은 황제가 책봉한 국왕으로부터 나와야 하거늘, 당신은 어찌 변을 틈타 당신 마음대로 정권을 장악하고 자기와 의견이 다른 사람들을 죽이고, 불한당을 끌어들인 거요?"

말하자면 그 책임을 대원군에게 묻겠다는 것이었습니다. 그러더니 다짜고짜, "대원군께서는 마땅히 우

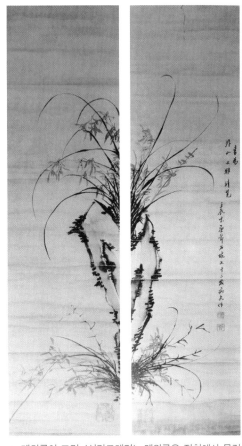

▲ 대원군이 그린 〈석란도대련〉. 대원군은 정치에서 물러나 그림, 특히 난을 치며 세월을 보냈다고 해요. 그 솜씨도 매우 뛰어났답니다.

리 청나라 황제에게 사죄해야 하오. 오늘 밤 당장 남양만에서 배를 타고 천진으로 갑시다" 하는 거였어요. 대원군은 곧장 배를 타야 했습니다. 결국 임오군란으로 다시 세력을 잡았던 흥선 대원군은 불과 33일 만에 물러나고 말았습니다.

그러자 장호원에 피신해 있던 명성 황후가 다시 한양으로 돌아왔습니다. 명성 황후는 다시 정권을 쥐었고 대원군을 따르던

대신들을 숙청했습니다.

그 이후 청나라 군사 3000명, 일본군 1개 대대가 조선에 상주하면서, 본격적인 내정 간섭을 시작했습니다. 결국 대원군이 잡혀가면서 조선은 두 나라의 속국이나 다름없는 처지가 되고 말았습니다.

이후 대원군은 3년간 유폐되어 있다가, 1885년에 풀려났습니다.

갑신정변

임오군란이 일어난 뒤, 궐 안팎은 외국인들 천지였습니다. 원세개와 오장경이 지휘하는 청나라 군대는 궁중을 호위한다는 핑계로 동별영수도의 경비를 담당하는 훈련도감 본부과 창덕궁을 드나들었고, 일본군도 공사관을 보호한다는 구실로 300여 명의 군사를 한성서울 곳곳에 주둔시켰습니다. 청나라는 조선이 다른 나라와 통상 조약을 맺는 일에도 나섰습니다. 청나라와 친분을 맺고 있던 독일 사람 묄렌도르프를 조선 조정에 불러들여 통리교섭통상사무아문임오군란 때 잠시 폐지되었던 통리기무아문을 개편해 만든 외교 통상 관청의 고위직에 앉히고 조선의 외교 정책에까지 간섭하기 시작했습니다. 재정 고문으로는 진수당이란 자가 파견되었습니다.

청나라는 이렇게 조선의 병권·외교권·재정권을 장악하려 했습니다.

▲ 프랑스의 한 신문이 묘사한 1800년대 후반 조선의 모습. 청나라 사람들과 일본 사람들이 뒤엉켜 있어요.

　이런 일들을 지켜본 개화당 외세에 문호를 개방하고 발달한 문물을 받아들여야 한다고 주장한 사람들의 김옥균은, 빠른 개혁을 주장하면서 고종에게 건의했습니다.

　"전하, 조선이 여러 이웃 나라의 간섭에서 벗어나고 근대적인 나라가 되려면 서둘러 새로운 과학과 기술을 도입해야 합니다."

김옥균은 이미 근대화에 성공한 일본도 여러 번 다녀온 터였습니다. 일본에서 김옥균은 조선소와 제련소를 비롯해 병기공장 등을 돌아보았고, 개화 사상을 가진 일본인들을 만나 깊은 밀담을 나누기도 했습니다. 그러면서 김옥균은 왜 일본이 일찍 근대화할 수 있었는지를 꼼꼼히 분석했습니다.

그러나 김옥균을 비롯한 개화파 세력과 대립 중이던 수구파는 툭하면 김옥균을 처벌하라는 등 온갖 비난을 서슴지 않았습니다. 심지어 수구파 벼슬아치들은 김옥균을 멀리 쫓아 보내기 위해 그를 고래잡이 책임자로 임명하는 등 웃지 못할 일까지 저질렀지요. 특히 민영익·민태호를 중심으로 한 친청파 벼슬아치들은 묄렌도르프와 한패가 되어서 개화파가 벌이는 일을 사사건건 방해했습니다.

하지만 그런 중에도 김옥균은 동분서주하면서 박영효와 함께 일본으로 달려가 차관을 요청하기도 했습니다.

그러던 중, 조선에 들어와 있던 청나라 군대 절반이 제 나라로 돌아가야 하는 일이 생겼습니다. 이때 청나라는 베트남에서 프랑스와 싸우고 있었는데 바로 그곳에 군대가 더 필요하여 조선에 주둔하고 있던 군대를 베트남으로 보냈던 것이지요.

박영효는 어떤 사람이에요?
김옥균·홍영식·서광범 등과 함께 개화파의 한 사람으로 일찍 일본을 시찰하고 돌아와 한편으로는 개혁에 몰두하면서 청나라와 러시아의 간섭을 견제했습니다. 뒷날 갑신정변에 실패하여 김옥균과 함께 일본으로 망명하였습니다. 갑오개혁 후에는 죄를 용서받고 내각을 구성하기도 하고, 내부대신을 지내기도 했습니다. 일본으로부터 후작의 작위를 받고 초대 동아일보 사장을 역임했습니다.

김옥균은 급히 개화파 무리들을 불러 모아 말했습니다.

"동지들, 이제 수구당 무리들을 몰아내고 조선을 대대적으로 개혁시킬 때가 왔소. 거사일을 12월 4일로 잡았소. 장소는 바로 우정국 개설을 축하하는 피로연장이오. 그곳에 수많은 수구당 일파들이 몰려올 것이오. 이 자리에서 수구당 일파를 제거하고 조선을 변혁시킵시다."

더하여 김옥균은 다케조에 일본 공사에게 도움을 요청해 둔 터였습니다.

마침내 1884년 12월 4일 저녁 6시, 우정국의 완공을 축하하는 낙성식장에는 민영익을 비롯해 수구파 인물들이 모습을 드

▲ 우정국

러냈습니다. 김옥균과 그 무리들은 우정국 맞은편에 불을 지르고 그 소란을 틈타 우정국을 아수라장으로 만들었습니다. 이 난장판 속에서 수구파 우두머리들이 한차례 변을 당했습니다.

그런 뒤, 김옥균은 고종에게 달려가 일본에 보호를 요청하라고 부탁했습니다. 전후 사정을 정확히 알지 못한 고종은 그 자리에서 어명을 내리고 친서를 써서 일본 군대의 보호를 요청했습니다.

그러자 이미 궁궐 바깥에서 대기하고 있던 일본군 200여 명이 서둘러 궁궐 안으로 들어왔습니다. 그런 뒤, 김옥균은 어명을 핑계로 수구파 신하들이었던 이조연과 민영목, 그리고 조영하와 민태호를 불러 살해했습니다. 갑신정변

그리고 다음 날, 김옥균은 서둘러 새 정부를 세웠음을 선포했습니다. 새로운 관리들의 명단도 발표했습니다.

"영의정에 이재원고종의 친척 형, 좌의정에 홍영식, 전후영사에 박영효, 좌우영사에 서광범, 좌찬성에 이재면, 이조판서에 신기선, 예조판서에 김윤식, 병조판서에 이재완, 형조판서에 윤웅렬, 공조판서에 홍순형, 호조참판에 김옥균, 병조참판에 서재필을 임명하오."

또한 14개의 전혀 새로운 정책을 국민에게 선언했습니다. 그 14개의 항목에는, 문벌을 폐지하고 평등을 원칙으로 하여 유능한 사람을 관리로 임명한다는 것, 청나라에 잡혀 있는 대원군을

돌아오게 하고 청나라에 바치던 조공을 없애도록 한다는 것, 세금 제도를 새롭게 바꾸어 관리의 부정부패를 막고 백성을 돌본다는 것, 부정부패한 관리는 즉시 처벌한다는 등의 내용이 들어 있었습니다.

그러나 김옥균의 정변은 3일 만에 끝나고 말았습니다.

명성 황후는 개화파 세력을 그대로 두었다가는 자신의 친족들이 화를 당할 것이 두려워 청나라 장수 원세개에게 사람을 보냈습니다.

▲ 원세개

"개화파가 난리를 일으켰으니 서둘러 군대를 출동시켜 주시오. 그러지 않으면 조선은 일본의 속국이 되고 말 것이오!"

곧바로 1500명의 청나라 군사가 투입되었습니다. 이에 일본은 전쟁이 날 것이 두려워 피했고, 오로지 김옥균과 개화당 사람들만이 청나라 군대와 싸워야 했습니다. 겨우 150여 명에 불과하던 개화당 사람들은 청나라군과 맞서 싸울 수가 없었습니다. 대부분이 청군에 투항했고, 김옥균도 달아나야 했습니다.

김옥균은 서재필 등과 함께 인천으로 달아나 일본으로 망명했습니다. 고종을 호위하던 홍영식은 처참하게 살해당했고, 그의 아버지 홍순목은 손자들과 함께 자살했습니다. 김옥균의 양

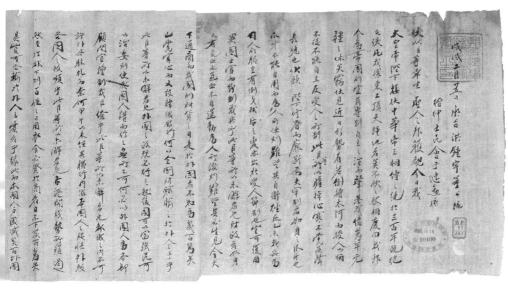

▲ 김옥균을 살해한 홍종우의 상소문. 이 상소문에는 외국의 주권 침해에 대한 내용, 그에 따라 자주권을 확보해야 한다는 내용의 글이 담겨 있습니다.

아버지는 73세의 노인이었는데도 끌려가 사약을 받고 죽었습니다. 김옥균의 아내는 겨우 도망쳐 옥천에서 주막집을 하며 겨우 살아남았는데, 이후에 붙잡혀 큰 화를 당했습니다. 그로부터 10년 뒤, 김옥균도 민영익이 보낸 자객에게 피살되고 말았습니다.

이후 조선은 더욱더 외세, 특히 청나라의 정치 간섭을 받기 시작했고 이런 일들이 얽혀 엄청난 사건에 휘말리게 되었습니다.

일본인에게 쌀을 팔지 마라

강화도 조약 이후, 여러 항구가 개방되면서, 청나라와 일본 상인들이 온갖 종류의 물건을 가지고 몰려들었습니다. 그들은 간단한 농기구부터 석유며 옷감, 화장품 등 다양한 물건들을 팔았고, 금이나 은, 쌀과 콩 등의 곡물을 사 갔습니다. 처음에는 다양한 물건이 오가면서 시장에 활력이 도는 것이 좋아 보였지만, 시간이 지날수록 조선의 백성들에게는 크나큰 피해를 주었습니다.

특히 일본 상인들은 발달된 기술로 제작한 온갖 농기구며 놋그릇 등을 가져와 팔았는데 이런 탓에 문을 닫는 대장간이 많아졌습니다.

농민들은 일본 상인들이 세금도 물지 않고 들여와 파는 값싼 농산물 때문에 피해가 컸습니다. 특히 모시나 베·무명 등이 일본을 통해 들어왔는데 값이 워낙 싸서 조선인들조차 조선에서 나는 물건을 사려고 하지 않았습니다.

그런데다가 일본은 쌀과 콩을 닥치는 대로 사서 일본으로 싣고 갔습니다. 그 바람에 쌀값이 엄청나게 올라 지주들은 더 많은 논밭을 가지려고 극성을 부렸습니다. 점차 논밭을 뺏기는 농민들이 늘어나게 되었습니다.

이런 중에 특히 함경도 지방에서는 큰 흉년이 들어 굶어 죽는 사람이 생겨나기 시작했습니다. 그럼에도 불구하고 일본 사람들은 원산항을 통해 함경도 시골 구석까지 들어와 쌀과 콩을 실어 갔습니다. 이를 보다 못한 함경 감사 조병식은 백성들에게 고했습니다.

"지금 함경도에서는 백성들이 굶어 죽고 있다. 지금부터 쌀 한 톨 콩 한 쪽도 일본인에게 파는 일이 없도록 하라!"

이를 '방곡령'이라 했지요.

그러자 일본 상인들은 이 사실을 일본 영사에 알리고, "조선의 함경 감사가 통상 조약을 위반했으니 처벌하라"고 요구했습니다. 이에 통상 책임자인 민종묵은 잘라 말했습니다.

"방곡령은 함경 감사가 조선 사람들에게 내린 명령인데, 어찌 남의 나라 일에까지 간섭한

단 말이오?"

하지만 일본은 거듭 항의를 했고, 심지어 손해 배상까지 요구했습니다. 결국 이 일로 조선은 일본에 10만 원이나 되는 돈을 배상해야 했습니다. 이런 돈은 모두 세금으로 충당되는 것이었고, 그 때문에 조정에서는 백성들에게 더 많은 세금을 받으려고 극성을 부렸습니다.

이런 탓에 백성들은 논밭을 버리고 살던 집을 떠나거나 화적 떼가 되기도 했습니다. 반란을 일으키는 경우도 있었지요.

이뿐만이 아니었습니다. 일본 사람들이 성능 좋은 배로 한반도 연안까지 진출하여 고기를 잡아가는 바람에 어민들도 큰 피해를 입었습니다.

물론 조정에서는 이런 일들에 손을 쓸 기운이 없었습니다. 대신들이 저마다 일본과 청나라, 러시아를 등에 업고 눈치를 보며 권력을 쥐어 보려고 안달이었으니 백성의 근심 걱정이 눈에 들어올 리가 없었습니다.

더구나 흉년이 계속되어 날이 갈수록 백성들은 굶주리는 날이 늘어 갔습니다.

▲ 1883년 조선과 일본은 다시 통상 조약을 맺었는데, 수출입 상품에 관세를 매기지 않는다는 등의 불평등한 조약이었습니다. 그림은 두 나라의 관리들이 통상 조약을 기념하여 연회를 즐기고 있는 모습입니다.

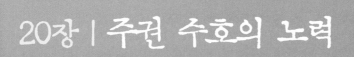

20장 | 주권 수호의 노력

동학 농민 운동

조정의 관리들이 열강을 등에 업고 저마다 제 욕심에 급급할 때, 지방의 관리들도 탐욕스럽게 재산을 불리기에 바빴습니다. 1892년 전라도 고부군의 군수로 부임한 조병갑도 예외는 아니었습니다. 그는 군수가 될 때, 더 높은 벼슬아치에게 돈을 바치고 군수가 되었던 터라 어떻게든 그만한 돈을 다시 거둬들이려 하고 있었습니다.

조병갑은 없는 죄를 뒤집어씌우고, 죄를 면하려거든 세금을 더 내라고 윽박지르기 일쑤였어요. 황무지를 개간하면 세금을 면제해 주겠다더니, 정작 농민들이 황무지를 일구어 농사를 짓자 언제 그랬냐며 세금을 받아 챙겼습니다. 심지어 효도를 하지 않는다, 형제간에 우애가 좋지 않다는 이유를 들어 세금을 더 내라고 억지를 부리기도 했지요. 뿐만 아니었습니다. 자기 아버지의 비각을 세운다며 그 돈을 농민들에게서 강제로 뺏어 갔습니다.

그러더니 이번에는 멀쩡한 만석보를 두고도 새로운 보를 만들겠다며 농민들을 불러 모았습니다.

"가뭄을 대비하여 보를 증축하겠소. 여기에 참여한 자는 앞으로 이 저수지의 물을 쓸 때 세금을 받지 않을 것이오."

품삯도 받지 못하는 강제 노동이었지만, 수세_{물을 쓰고 내는 세금}를 받지 않겠다는 말을 믿고 농민들은 저수지를 파는 일에 뛰어들었습니다. 하지만 그것도 거짓말이었어요. 정작 보가 완공되고 농민들이 이 저수지의 물을 쓰기 시작하자 조병갑은 약속과는 달리 세금을 내라고 윽박질렀지요.

"앞으로 이 보의 물을 쓰는 자는 세금을 내야 한다."

그 말에 농민들은 더 이상 참을 수 없어 동학 접주 전봉준을 찾아갔습니다. 그의 아버지도 조병갑의 잘못된 일에 항의하다가 맞아 죽은 터였지요.

"이제는 조병갑에게 힘으로 맞서는 수밖에 없습니다. 우리가 힘을 모아 고부 관아를 차지합시다. 거사일은 2월 10일로 하겠소. 이날 새벽 모든 농민들을 시장터에 모이도록 해 주시오."

이윽고 1894년 2월 10일 새벽, 전봉준은 여기저기서 모여든 1000여 명의 농민들을 이끌고 고부 관아로 진격했습니다. 농민들은 일제히 머리에 흰 수건을 두르고 댓 자쯤 되는 대나무 창을 들

▲ 만석보 터에 세워진 비석이에요.

접주가 뭐예요?
종교계에서 신자들을 관리하기 위해 지역별 구역을 나누어 놓은 것을 교구라고 부릅니다. 접주란 말하자면 동학교의 교구인 '접소'의 지도자예요. 전봉준은 고부 지방의 동학교도들을 보살피는 '고부 접주'이고요.

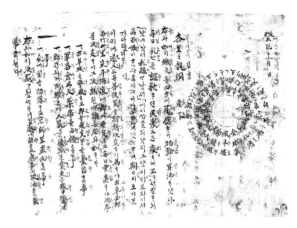
▲ 사발통문. 전봉준 외 20명이 봉기를 약속하면서 작성한 글로 주모자를 알 수 없게 하기 위해 원 형태로 이름을 썼습니다.

었습니다. 그리고 거리를 행진하며 외쳤습니다.

"탐관오리 조병갑을 쳐부수자!"

성난 농민들은 순식간에 관아를 습격해 관리들을 잡아 옥에 가두고, 무기고를 열어 무기를 탈취했습니다. 뿐만 아니라 억울하게 잡혀 있는 죄수들을 풀어 주었지요. 조병갑이 부당하게 세금으로 거두어들인 곡식은 원래 주인에게 되돌려 주었습니다. 그러고 나서 만석보를 터트려 버렸습니다.

"만세! 농민군 만세. 전봉준 만세!"

만석보가 터지자 농민들은 만세를 부르며 기뻐했습니다.

바로 그 시각, 조병갑은 변장을 한 채 농민군을 피해 전라 감사에게 달려갔습니다.

"대감, 내게 1000명의 군사를 지원해 주시오. 그리하면 내가 반란자들을 진압하고 오겠소."

조병갑은 전라 감사 김문현에게 사정을 했습니다. 그러나 김문현은 고개를 저으며, "서두르지 말고 일단 조정에 알리는 게 좋겠소"라고 타일렀습니다. 그러고는 홀로 공을 세우기 위해 부하들 50명을 변장시켜 전봉준을 체포해 오라고 일렀습니다. 하지만 이들은 농민군에게 발각되고 말았지요. 그 탓에 조정에서는 군수 조병갑의 벼슬을 빼앗고 김문현도 문책했습니다. 그런 후에 장흥 부사 이용태를 안핵사로 임명하여 고부로 내려보냈습니다. 또한 새 군수로 박원명을 임명했습니다. 박원명은 고부로 내려오는 즉시 전봉준에게 말했습니다.

"앞으로는 이런 일이 없을 게요. 내가 약속하겠소. 그러니 자진해서 해산해 주시오."

전봉준과 농민들은 이 말을 듣고 일단 믿기로 했습니다. 그리

▼ 전봉준을 둘러싸고 있는 동학교도와 농민 들의 모습이에요.

고 박원명의 요구대로 뿔뿔이 흩어져 집으로 돌아갔습니다.

그러나 뒤늦게 고부에 도착한 안핵사 이용태는 반란의 주모자를 체포한다며 동학교도들을 마구 잡아들였습니다. 심지어 아무런 죄도 없는 농민들까지 함부로 잡아다 때리고 고문하였습니다. 그리고 자신은 기생집에 머물며 밤낮 없이 술에 취해 흥청거렸습니다.

그러자 농민들이 다시 전봉준에게로 모여들었습니다.

"아무래도 안 되겠소. 이용태라는 자가 조병갑이란 자와 다를 게 없는 놈이오. 이용태도 처단해야 합니다."

"알겠소. 서둘러 통지문을 돌려 이번에는 다른 지역의 접주들도 함께 우리의 거사에 참여하게 하겠소."

전봉준은 다시 빈틈없는 준비를 하기 시작했습니다.

4월 말, 수천 명의 동학교도들이 다시 모였습니다. 이때 농민군은 네 가지 원칙을 발표했습니다.

첫째, 함부로 사람을 죽이지 말고 짐승도 죽이지 말 것이며,

둘째, 충효를 다하고 세상을 안정시키며 백성을 편하게 할 것이로다.

셋째, 또한 왜인을 몰아내고 참된 도리를 세울 것이며,

넷째, 군사를 몰아 한양으로 가서 썩어 빠진 벼슬아치들을 모두 쳐 없앨 것.

이 소식은 순식간에 사방으로 퍼져 나갔습니다. 태인을 비롯한 부안과 정읍에서도 동학교도들과 농민들이 전봉준, 손화중, 김개남 등과 함께 힘을 모았습니다. 또한 곳곳에서 동시에 민란이 일어나기 시작했습니다.

5월, 다급해진 조정에서는 홍계훈을 양호초토사로 임명하여 전라도로 급파했습니다. 홍계훈은 병사 800명과 포 2문, 그리고 기관포 2문을 가지고 남하하기 시작했습니다. 그러나 홍계훈은 싸움도 하기 전에 맥이 빠져 버리고 말았습니다. 무려 절반에 가까운 병사들이 농민군이 두려워 탈영했던 것입니다.

그러는 사이 동학군은 부안의 관아를 습격해 현감을 잡아 옥에 가두고 전주에서 출동한 관군과 황토현에서 맞붙어 통쾌한

▲ 동학 농민군의 봉기를 그린 기록화

승리를 거두었습니다.

전봉준은 여기서 만족하지 않았습니다. 그는 농민군을 이끌고 영광, 장성을 거쳐 이내 전주성을 점령했습니다.

그런데 이즈음, 조정에서는 농민군을 진압하기 위해 청나라에 원군을 요청했습니다. 명성 황후의 요청이 있었던 것이에요. 그러자 이에 질세라 일본도 부랴부랴 군대를 편성해 조선으로 보냈습니다. 청나라나 일본은 모두 조선을 제 손아귀에 넣고 싶어 했던 것입니다. 일본까지 나서고 들자 조선의 조정은 당황했습니다.

한편 이 소식을 들은 전봉준은 눈앞이 캄캄했습니다.

"허허, 통탄할 일이로다. 우리가 죽창을 들고 일어선 것은 몹쓸 벼슬아치들에게 시달리는 농민을 구하고 나라를 바로잡기 위해서거늘, 어찌 조정의 것들은 남의 나라 군사까지 끌어들인단 말인가!"

농민군은 외국 군대로 인해 조선의 피해가 커질 것이 두려웠지요. 이에 동학 농민군은 조정에 청나라군과 일본군의 철수, 그리고 27개 조항의 '폐정개혁안'을 제시했어요. 전주 화약 조정에서는 이를 받아들였고 농민군은 전주성을 점령한 지 10일 만인 5월 8일에 성문을 열고 집으로 돌아갔습니다. 이후 농민군은 전라도 일대에 '집강소'를 설치하여 폐정 개혁을 스스로 실행했어요. 그러나 농민군의 봉기는 여기서 막을 내린 것이 아니었습니다.

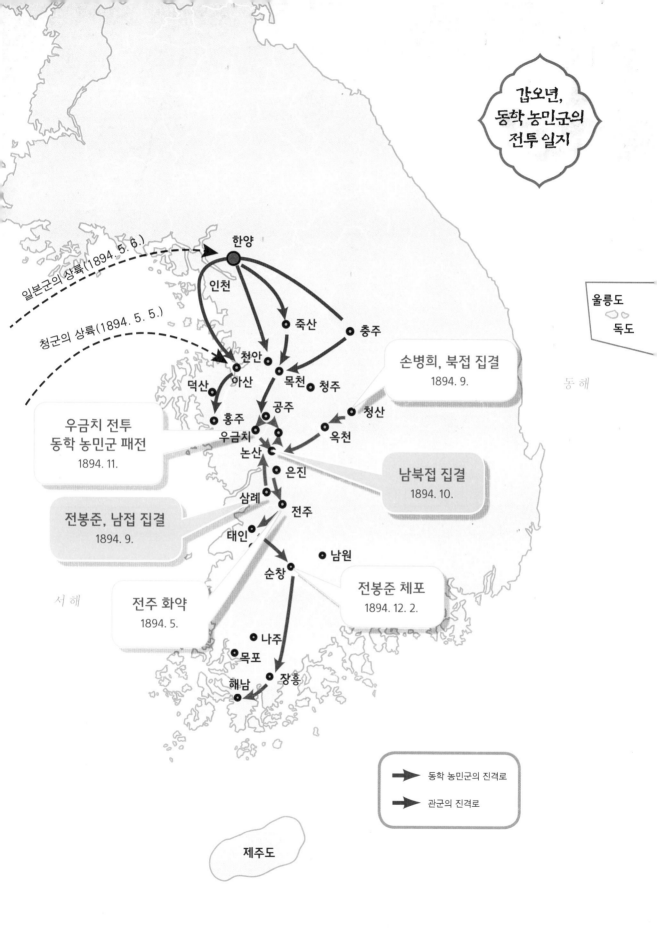

갑오년,
동학 농민군의
전투 일지

울릉도
독도

동 해

일본군의 상륙(1894. 5. 6.)
청군의 상륙(1894. 5. 5.)

한양
인천
죽산
충주

손병희, 북접 집결
1894. 9.

천안
덕산
아산
목천
청주
청산

공주
홍주
우금치
옥천

우금치 전투
동학 농민군 패전
1894. 11.

논산
은진

남북접 집결
1894. 10.

삼례
전주

전봉준, 남접 집결
1894. 9.

태인
남원

순창

전봉준 체포
1894. 12. 2.

전주 화약
1894. 5.

서 해

나주
목포
장흥
해남

동학 농민군의 진격로

관군의 진격로

제주도

새야 새야 파랑새야

전주 고부 녹두새야

어서 바삐 달아나라

대잎 솔잎 푸르다고

봄철일 줄 아지 마라

백설 분분 휘날리며

먹을 것이 없어진다

언젠가부터 이런 노래가 농민들의 입에서 입으로 전해져 산에, 들에, 은근히 번져 가고 있었습니다. 전봉준이 아무리 들어 보아도 이 노래는 다시 일어나라는 말 같았습니다.

전봉준이 잠시 쉬고 있는 사이 한반도에서는 청나라와 일본이 크게 싸웠고청·일 전쟁, 이 싸움에서 이긴 일본은 조선의 나랏일에 제 나라처럼 참견하고 간섭하기 시작했습니다. 제멋대로 나라의 정치와 문화를 비롯한 모든 부분을 뜯어고치기도 했고,

청·일 전쟁이 뭐예요?
1894년, 청나라와 일본이 조선의 지배권을 놓고 다툰 전쟁입니다. 이때 일본은 남하 정책을 펴는 러시아에 대항하기 위한 전진기지로 한반도가 필요했던 터였습니다. 일본은 대원군을 내세워 친일 정권을 수립한 뒤, 군대를 철수하라는 조선 정부의 요청도 거부한 채 선전포고도 없이 청군을 공격하여 전쟁을 일으켰습니다. 이들은 앞선 무기를 내세워, 풍도 앞바다에서 청의 해군을 물리치고, 이어 7월에는 아산을 점령, 평양에 주둔한 청군 1만을 격파한 후, 10월에는 중국 본토로 진격하여 항복을 받아 냈습니다. 이어 청나라는 시모노세키에서 조약을 맺고 조선에서 완전히 떠날 것을 약속했습니다.

고종의 명령 없이 함부로 법을 만들어 공표하
기도 했습니다.

전봉준의 근심이 깊어졌습니다.

'큰일이로다. 이러다가 온 조선 천지가 왜놈들
의 세상이 되겠구나. 도대체 조정의 관리들은 무엇
을 하고 있단 말인가. 외세를 물리치는 데 온 힘을 쏟으
라고 우리가 자진하여 해산하였거늘 이젠 오히려 왜놈
들을 불러들여 나랏일을 멋대로 맡긴단 말인가. 아, 이
렇게 가만히 앉아서 기다릴 때가 아니로다.'

결국 해산했던 농민군은 다시 전봉준을 중심으로 뭉
쳐 일어났습니다.

1894년 10월 1일, 농민군은 삼례에서 다시 집결하였
고 곧 손병희의 북쪽 농민군과 합세하였습니다.

▲ 손병희 동상

"외세를 몰아내자!"

"왜놈들을 이 땅에서 물리치고 조선을 되찾자!"

농민군의 세력은 중부, 남부 전역으로 뻗쳤습니다. 함께 뜻을
모은 농민군은 한양서울으로 진격했습니다. 그러자 일본군이 동
학군을 진압하기 위해 나섰습니다. 조선 정부도 동학군을 진압
하기 위해 군대를 동원했습니다. 이리하여 동학군과 조선 관군,
일본군은 공주의 우금치 고개에서 마주쳤습니다. 무려 6~7일간
잠시의 쉴 틈도 없이 치열한 전투가 벌어졌습니다.

"우리가 가진 것은 죽창뿐이지만 이길 수 있다. 일본 군대를 향해 진격하라!"

농민들은 저마다 소리치며 앞을 다투어 일본군과 맞서 싸웠습니다. 그러나 동학군은 우수한 근대식 무기를 갖춘 일본군 앞에 스러져 갔습니다. 결국 우금치 전투는 동학군의 패배로 끝났습니다.

전봉준은 일단 남쪽으로 후퇴하여 머물면서 동학군의 전열을 가다듬은 다음 다시 전투 준비를 서둘렀습니다. 그러나 전봉준이 수 명의 동지들과 함께 순창으로 피신하여 있을 때, 현상금을 노린 부하 몇몇이 밀고를 하는 바람에 전봉준은 12월 2일에 붙잡히고 말았습니다.

한양으로 압송된 전봉준은 이듬해인 1895년 3월에 사형당했습니다. 교주 최시형은 공주에서 일본군에 참패한 뒤, 1898년 원주에서 체포되어 한양으로 압송된 후 역시 사형당하고 말았습니다.

강요된 갑오개혁

1894년 7월, 조선의 조정에서는 역사상 유례없는 대규모의 개혁 작업이, 그것도 일사천리로 진행되고 있었습니다. 청·일 전쟁에서 승리한 일본의 강압에 의한 것이었지요.

"많은 대신들이 조선에 변화가 필요함을 인정했소."

▲ 프랑스의 한 신문에 삽화로 소개된 일본군의 한양 점령 모습이에요.

일본 공사는 그런 핑계를 댔지만, 실상 조선을 식민지로 만들기 위한 사전 작업이었지요. 즉 언제든 조선 조정의 일에 간섭하고, 훗날 직접 조선을 지배하기 위한 포석이었던 것이죠. 이를 갑오개혁이라고 불렀는데, 총 3차에 걸쳐 진행이 되었습니다.

1차 개혁 때에는 정치·외교 면에서 청나라와의 종속 관계를 끊도록 했고, 독자적인 연호를 사용하도록 했습니다. 왕실의 사무는 궁내부에서, 그리고 나라의 전반적인 일은 의정부에서 담당하도록 규정했고, 이에 따라 의정부는 총리대신을 우두머리로 8개의 아문을 두었습니다. 아울러 사헌부·사간원·홍문관 등 조선조 500년간 왕권을 견제해 온 대간 제도를 폐지하는 대신, 내무아문 아래 경무청을 새로 만들어 강력한 권한을 갖는 경찰 기구를 만들었습니다. 조선조 500년간 행해진 과거 제도를 폐지한 것도 이때였습니다. 법적으로 문벌과 반상 제도^{양반과} ^{상민}를 없앴으며, 노비제와 문신·무신의 차별을 없앴습니다. 이 외에도 도량형 제도를 개정하여 통일했지요.

2차 개혁은 지방 제도를 중심으로 손을 댔습니다. 종래의 도·부·목·군·현 등 행정 구역을 통폐합시켜 전국을 23부 337군으로 개편했습니다. 세무와 관련된 행정도 정비되었습니다. 또한 재판소 구성법과 법관 양성소 규정 등이 새로 발표되었지요.

제3차 개혁 때는 태양력을 채용했고, 종두법을 실시했으며, 소학교 설치령을 내렸습니

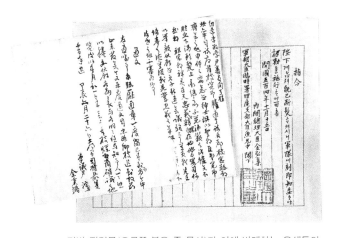

▲ 단발 지령문(오른쪽 붉은 줄 문서)과 이에 반대하는 유생들의 문서예요. 단발령은 머리카락을 짧게 깎으라는 명령이었습니다. 백성들에게 이런 갑작스러운 명령은 하루아침에 수천 년 이어져 온 전통과 생활, 신념을 쳐 내라는 말처럼 들렸겠지요. 이 같은 강요는 개화 정책 그 자체에 대한 반발로 이어졌습니다.

다. 단발령도 이때 내려진 것이었지요.

물론 이와 같은 내용은, 겉으로 보기에는 매우 근대적으로 보였지만, 추진 방법도 엉망이었고, 무엇보다 강압에 의한 것이어서 반발이 심했습니다.

명성 황후 시해 사건과 을미의병

청·일 전쟁에서 승리한 일본은, 동학 농민군마저 진압한 뒤, 조선의 조정을 완전히 장악했습니다. 그들은 갑신정변 때 일본으로 피신했던 박영효까지 끌어들여 관직을 준 뒤 내각을 새로 구성했습니다. 그리고 한편으로는 고종으로 하여금 정치에서 손을 놓도록 강요했습니다. 특히 새로 공사로 부임한 이노우에는 스스로 여러 가지 개혁 방안을 제시한 다음, 고종으로 하여금 그것을 실천하게 했는데, 못미더웠는지 이것을 맹세하는 형식의 글로 작성하게 했습니다. 이른바 '홍범 14조'라 불리는 것이었지요.

이렇게 조선의 개혁이 일본에 의해 일방적으로 진행되자 명성 황후는 조바심을 냈습니다. 자신의 배후 세력이었던 청나라가 더 이상 조선에서 힘을 쓸 수 없게 되었기 때문이지요. 결국 명성 황후는

홍범 14조가 뭐예요?
홍범 14조에는, 청나라에 의존하지 말고 자주 독립의 기초를 세울 것, 왕의 인척이나 외척은 정사에 관여하지 않을 것, 왕실과 국정에 관한 사무는 분리해서 처리할 것, 세금은 정해진 규정에 따라서만 징수할 것, 외국에 인재를 많이 파견할 것, 왕실 재정은 1년 예산을 짜서 사용할 것, 인재를 등용할 때 문벌에 구애받지 말 것 등과 같은 내용이 담겨 있습니다.

▲ 19세기 말, 프랑스의 한 신문에 삽화로 실린 명성 황후 모습. 이처럼 청나라 복식을 한 명성 황후의 모습은 일찍이 사진으로나 기록으로는 알려진 바가 없지만, 삽화 제목에 '조선의 여왕'이라 표기되어 있어 호기심을 자극합니다. 어쩌면 청나라와 긴밀하게 접촉해 온 점을 알고 삽화가가 상상으로 그린 그림일지도 모르겠습니다.

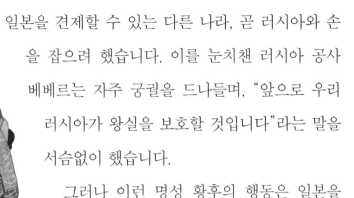
▲ 명성 황후

일본을 견제할 수 있는 다른 나라, 곧 러시아와 손을 잡으려 했습니다. 이를 눈치챈 러시아 공사 베베르는 자주 궁궐을 드나들며, "앞으로 우리 러시아가 왕실을 보호할 것입니다"라는 말을 서슴없이 했습니다.

그러나 이런 명성 황후의 행동은 일본을 크게 자극했습니다. 특히 새로 부임한 미우라 공사는 일본이 조선의 조정을 마음대로 주무르기 위해서는 명성 황후를 제거해야 한다고 생각했지요.

1895년 어느 새벽, 한 무리의 일본 자객들이 황후의 침전으로 난입했습니다.

바로 이 시각, 또 다른 한패의 자객과 일본 공사관 수비대 병사들이 광화문으로 몰려갔습니다.

"황후를 찾아라!"

자객들은 소란을 듣고 몰려나오는 궁녀들을 가차 없이 칼로 베어 버리고 마침내 명성 황후를 찾아냈습니다. 그러고는 단칼에 명성 황후의 목숨을 끊었습니다. 그들은 황후의 시체를 이불로 둘둘 싸맨 뒤에 아무렇게나 끌고 갔습니다. 곧 그들은 왕비의 시신을 옥호루 옆의 숲으로 옮겨 장작에 기름을 붓고 태워 버렸습니다.

뒤이어 자객들은 궁궐을 빠져나갔고, 일본군은 대원군을 궁궐로 들어오게 했습니다. 일본 공사 미우라도 곧 궁궐로 들어왔습니다. 미우라 공사는 친일 신하들을 앞세워 명성 황후를 폐서인 왕비에서 평민으로 강등시킨다는 뜻한다는 조칙을 발표하게 하고 아무 일도 없었던 것처럼 궁궐을 빠져나갔습니다.

얼마 지나지 않아 미우라 공사는 3차 갑오개혁을 시행했습니다. 앞으로는 양력을 사용할 것, 연호를 쓰고, 종두법을 실시하며, 소학교를 설립한다는 등의 내용이 들어 있었는데, 무엇보다 단발령을 강요했습니다. 고종은 어떻게든 단발령을 피해 보려 했지만, 피할 도리가 없었습니다.

▼ 대원군을 호위하여 궁궐로 진입하는 일본군의 모습이에요.

"머리를 깎는 일은 위생에도 좋고 편리하기 때문에 꼭 잘라야 합니다. 만약 머리를 자르지 않겠다면 죽음도 불사해야 할 것이오."

궁궐 안에 대포까지 들이대고 협박하는 터라 고종은 하는 수 없이 정병하에게 머리를 맡겼고, 세자의 머리는 유길준이 잘랐습니다. 그런 뒤에 일본 공사는 고종의 이름으로 온 국민에게 고했습니다.

"임금인 내가 먼저 머리를 잘랐으니 백성들도 이에 따르도록 하라!"

이 명령에 백성들은 분통을 터뜨렸습니다.

"이런 기막힌 일이 어디 있소? 신체발부수지부모_{우리 몸과 터럭 하나까지도 부모에게서 받은 것이라는 뜻}라 했는데, 어찌 함부로 머리를 자른단 말이오?"

"서양 오랑캐들이나 하는 짓을 우리가 할 수는 없소이다. 수천 년이나 이어져 온 우리 민족의 풍습을 어찌 하루아침에 뒤집는단 말이오?"

양반들과 선비들도 나서서 반대했습니다. 학부대신 이도재도 단발령에 반대하여 벼슬을 버리고 시골로 내려가 버렸습니다.

곳곳에서 유학을 공부한 선비들이 상소문을 올렸습니다. 종종 개화를 반대하는 목소리를 내는 선비들 앞에 나서던 최익현이 이번에도, "내 머리카락을 자르려거든 목을 먼저 잘라야 할 것이다!"라며 울분에 찬 목소리로 외쳤습니다.

그러자 일본군은 상투를 베는 '체두관'이라는 관리를 만들어 거리로 내보냈습니다. 그들은 함부로 길을 막고 선비들의 상투를 잘랐습니다. 거리마다 통곡 소리가 들리고, 가위를

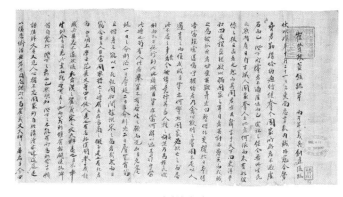

▲ 최익현의 상소

든 체두관과 도망가는 조선 사람들의 쫓고 쫓기는 웃지 못할 추격전이 벌어지기도 했습니다. 집집이 문을 걸어 잠갔고, 인적이 끊긴 시장에는 사람 그림자 하나 얼씬하지 않았습니다.

마침내 지방의 유생들은 의병을 일으켰습니다.

"단발령을 폐하고, 우리의 국모명성 황후를 시해한 왜놈들에게 복수를 해야 합니다."

먼저 원주와 안동, 춘천, 강릉 지방에서 의병이 일어났습니다. 원주에서 일어난 유인석은 격문을 뿌려 의병들의 사기를 북돋았습니다.

우리가 국모를 잃은 일로 이를 갈며 참았는데, 이제는 임금의 머리카락을 자르고 옛 의복마저 벗겼으니 이보다 망측한 일이 어디에 있겠는가? 머리를 깎고 옛 옷을 벗었으니 이제 우리 모두 금수가 된 것이 아니겠는가?

유인석은 의병 봉기를 전국에 알리고 일본군과 싸울 것을 결의했습니다. 유인석의 뒤를 이어 경상도와 경기도, 그리고 충청도에서도 의병들이 일어났습니다. 그들은 일본군 주둔지를 습

격하거나 시설을 파괴했고, 나아가 친일 벼슬아치들을 처단하기도 했습니다. 을미의병은 이후로 9개월이나 계속되었습니다.

아관 파천과 대한 제국의 탄생

'이러다가 일본인들이 나까지 죽이려 드는 것은 아닐까?'

명성 황후가 일본인 자객에 의해 비참하게 살해당한 뒤, 고종은 근심이 끊이지 않았습니다. 감시의 눈길이 사방에 도사리고 있어서 두려움은 말도 못 했지요. 그런 중에 고종을 곁에서 돌보던 엄 귀인고종의 후궁. 영친왕의 생모이 고종에게 말했습니다.

"상감마마, 대궐은 몹시 위험하옵니다. 잠시 동안만이라도 러시아 공사관으로 옥체를 옮기심이 어떨까 하옵니다. 그 편이 대궐에 있는 것보다는 안전하실 것이옵니다."

고종은 귀가 솔깃해졌습니다. 안전하기만 하다면 어디든 못갈 곳이 없다는 생각이 들었습니다. 고종은 곧 러시아 공사관에 편지를 보냈습니다. 러시아 공사는 고종의 보호 요청을 급히 본국에 알렸고 러시아 정부도 이를 승인했습니다.

1896년 2월, 리시아 군함 두 척이 제물포에 들어와 정박했습니다. 이어 100여 명의 무장 군인들이 은밀히 경성서울으로 올라왔습니다. 다음 날 새벽, 고종은 세자와 함께 변장을 하고 엄 귀인을 따라 궁궐을 빠져나갔습니다. 궁궐 문밖에는 어느새 러시아의 해군 병사 50명과 친러파 대신 이범진, 이완용이 고종을

▲ 러시아 공사관

기다리고 있었습니다. 그들은 고종이 궁궐 문밖으로 나오자 기다렸다는 듯이 일사불란하게 움직여 고종과 세자를 가마에 태우고 빠르게 러시아 공사관으로 향했습니다.

아침 7시, 고종은 러시아 공사관에 도착했습니다. 뒷날, 사람들은 이 일을 '아관 파천'이라 불렀습니다.

고종은 이날, 김홍집과 정병하, 그리고 유길준과 조희연을 친일 관료로 지목해 잡아 처형하도록 명령을 내렸습니다.

다음 날, 고종이 러시아 공사관으로 몸을 피했다는 사실이 알려지면서 백성들까지 동요했습니다.

"역적 김홍집을 죽여라! 정병화와 유길준의 목을 매달라!"

백성들은 사방에서 소리를 치며 거리로 몰려나왔습니다. 그러자 일본은 김홍집에게 일본군의 도움을 받아 피신할 것을 권했

▲ 고종 황제와 그 가족들

으나, 김홍집은 거부했습니다.

"내가 일본을 가까이한 것은 조국의 개화를 위해서였소. 남의 나라 군대로 피하느니 죽더라도 내 나라 백성의 손에 죽겠소."

결국 개화파의 핵심 관료였던 김홍집은 광화문 거리에서 군중들에게 잡혀 살해되었습니다.

고종은 러시아에 많은 것들을 내주어야 했습니다. 압록강 연안과 울릉도의 삼림 채벌권을 주어야 했고, 경원과 종성의 광산 채굴권, 또한 인천 월미도에 석탄 저장소를 설치하는 권리마저 러시아에 양보해야 했지요.

동시에 이제는 일본이 아닌 러시아의 내정 간섭이 심해졌습니다. 러시아 공사는 사사건건 조선의 일에 참견했습니다. 군대가 러시아식으로 개편되었고 나랏돈은 러시아인 재정 고문의

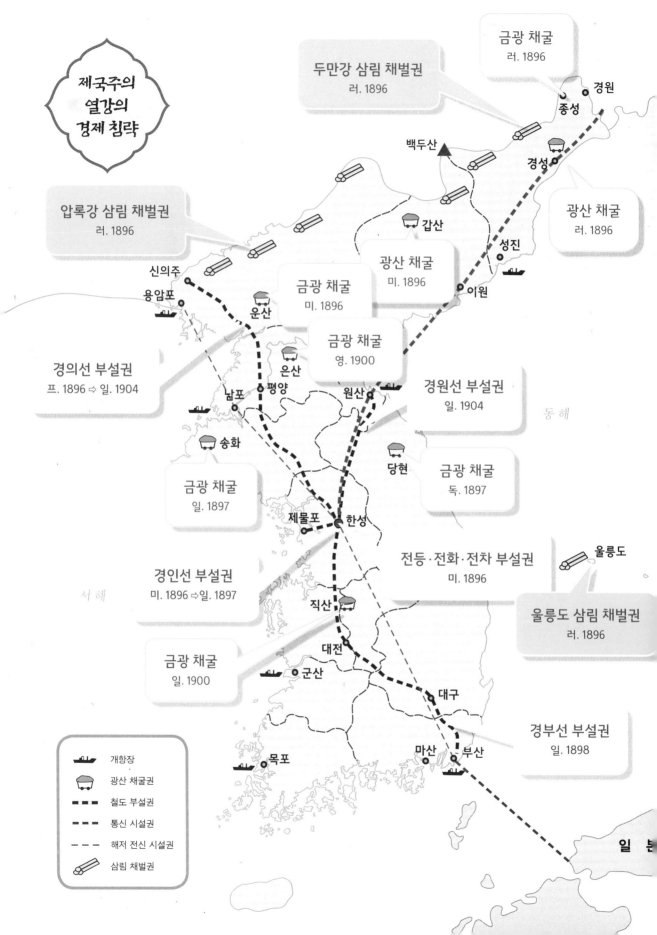

제국주의
열강의
경제 침략

두만강 삼림 채벌권
러. 1896

금광 채굴
러. 1896

경원

종성

백두산

경성

광산 채굴
러. 1896

압록강 삼림 채벌권
러. 1896

갑산

성진

광산 채굴
미. 1896

이원

신의주

금광 채굴
미. 1896

용암포

운산

금광 채굴
영. 1900

경의선 부설권
프. 1896 ⇨ 일. 1904

은산

남포

평양

원산

경원선 부설권
일. 1904

동 해

송화

당현

금광 채굴
일. 1897

금광 채굴
독. 1897

제물포

한성

전등·전화·전차 부설권
미. 1896

울릉도

경인선 부설권
미. 1896 ⇨ 일. 1897

서 해

직산

울릉도 삼림 채벌권
러. 1896

대전

금광 채굴
일. 1900

군산

대구

목포

마산

부산

경부선 부설권
일. 1898

개항장

광산 채굴권

철도 부설권

통신 시설권

해저 전신 시설권

삼림 채벌권

일 본

손에 의해 좌지우지되었습니다.

고종은 그로부터 약 1년 뒤인 1897년 2월, 덕수궁으로 돌아왔습니다. 경복궁은 여전히 일본군의 손에 놓여 있어서 안전하지 않았고, 덕수궁은 마침 외국 공사관들과도 거리가 가까워 도움을 청하기 쉽다는 이점이 있었던 것이지요.

고종이 궁궐로 돌아오자 나라의 위상을 높여야 한다는 요구가 잇따랐습니다. 고종은 연호를 광무로 고치고 자신을 황제라고 칭했습니다. 국호도 대한 제국으로 고치고, 겉으로는 황제 국가의 모양새를 갖추었습니다. 1897년에는 원구단에서 성대한 즉위식도 올렸습니다.

독립협회와 만민공동회

"이 나라가 살길은 백성들을 올바르게 깨우치는 데 있다!"

1896년, 개혁을 지향하던 개화파 관료들은 신문 발간 준비에 열을 올리고 있었습니다. 백성들을 깨우치기 위해서는 그들을 이끌어 줄 신문이 필요하다는 것이었지요. 드디어 조정의 적극적인 지원 속에서 서재필과 개화파 지식인들이 『독립신문』을 발간했습니다. 이들은 또한 자주국권·자유민권·자강개혁을 목표로 하는 '독립협회'를 꾸렸습니다.

『독립신문』에 대해 더 알고 싶어요!
『독립신문』은 최초에는 한글판만, 나중에는 영문판도 발행했습니다. 처음에는 서재필이 기자와 배달원 노릇까지 다 했다고 합니다. 최초에는 300부 정도를 발행하다가 시민들의 호응이 좋아 3000부까지 인쇄했다고 합니다. 『독립신문』은 나라 안팎의 소식을 골고루 실었고, 특히 서재필은 논설을 통해 시민들을 계몽하는 데 앞장섰습니다.

"지금 조선에는 여러 열강들이 들어와 이권 싸움을 일삼으며, 조선을 저희들의 식민지로 만들기 위해 혈안이 되어 있습니다. 이런 때에 벼슬아치부터 백성에 이르기까지 민족의 자주성과 국민의 권리를 인식하고, 나아가 조정의 실정을 비판할 수 있으며 또한 그 일을 앞장서서 해 나갈 지혜가 필요합니다."

서재필의 이런 주장에 많은 사람들이 뜻을 함께 했습니다. 벼슬아치들은 개화파고 수구파고 할 것 없이 돈을 모아 독립협회에 전달했습니다. 왕실의 지원을 받았고, 세자는 따로 1000원을 독립협회 기금으로 내놓았습니다. 또 『독립신문』을 통해 독립협회의 사업과 취지를 알게 된 백성들도 너 나 할 것 없이 돈을 보내 격려해 주었습니다. 그러자 서재필은 기운을 얻고 첫 사업을 추진하기로 했습니다.

"우리가 독립된 나라임을 알리기 위해 독립문을 세웁시다! 영은문을 헐어 내고

영은문을 왜 헐었나요?
영은문은 모화관 앞에 세워져 있던 문이에요. 모화관은 조선 시대 때, 중국 사신을 영접한 곳이니, 모화관과 이곳으로 통하는 영은문은 사대주의의 상징적인 장소이지요. 그러니 영은문을 헐고, 모화관의 이름을 '독립관'으로 바꾼 것은 우리 민족의 독립 의지를 널리 알리는 일이었어요.

▲ 독립문이에요. 앞쪽에 서 있는 두 개의 돌기둥은 뭘까요? 바로 독립문을 세울 때 헐어 낸 '영은문'의 기둥돌이지요.

그 자리에 독립의 상징인 독립문을 세워야 합니다."

이번에도 서재필의 주장에 많은 사람들이 뜻을 함께했고 1896년 11월 독립문을 완성할 수 있었습니다.

서재필은 여기에서 그치지 않았습니다.

"지금까지 우리 대한 제국은 몇몇 벼슬아치들에 의해 통치되어 왔습니다. 이제는 백성들의 생각도 들어 보고 그것을 조정에 건의하여 보다 많은 사람들의 생각이 나랏일을 다스리는 데 쓰이도록 해야 합니다."

이런 주장을 편 서재필은 종로 네거리에 백성들을 모아 놓고 토론회를 열기로 했습니다. 이번에도 많은 사람들이 뜻을 함께했습니다.

1898년 3월 종로 거리에는 수만 명의 백성들이 모였습니다. 이 토론회를 '만민공동회'라 불렀습니다.

만민공동회에서는 다양한 주제로 토론을 벌였습니다.

"지금 조정은 러시아의 군사 고문과 재정 고문이 나라의 가장 중요한 일들을 좌지우지하고 있습니다. 이들을 물러나게 하고, 우리 조정에서 군사와 재정의 일을 직접 맡아야 합니다."

"옳습니다. 국방과 경제를 다른 나라 사람의 손에 맡길 수는 없는 일입니다. 재정권과 군사권을 찾아와야 나라의 자주권을 행사할 수 있습니다."

만민공동회의 이런 토론은 즉시 건의문으로 만들어져 고종에

게 보내졌습니다. 고종은 그들의 뜻이 옳다고 생각하고 곧바로, "러시아 재정 고문 알렉세이예프를 러시아로 돌려보내도록 하라!"라는 명령을 내리기도 했습니다.

이런 독립협회와 만민공동회의 활약이 알려지자 백성들은 크게 환영했습니다. 자신들의 뜻을 조정에 건의하고 실천하게 할 수 있다는 사실이 놀랍기도 하면서, 한편으로는 반가웠습니다. 그 때문에 만민공동회가 열리는 곳에는 발 디딜 틈 없이 사람들이 빼곡하게 들어서곤 했습니다.

만민공동회를 관람한 외국인들 또한 놀라지 않을 수 없었습니다. 특히 러시아와 일본은 독립협회와 만민공동회의 활약을 보면서 서로서로 눈치를 보게 되었습니다. 대한 제국의 민심을 읽은 양국은 약간씩 뒤로 물러서면서도, 긴장의 고삐를 늦추지 않느라 그들 간에 협약을 맺었습니다. 대한 제국의 주권을 인정하고 내정을 간섭하지 않기로 한 것입니다. 이 같은 힘의 균형은 이후 러·일 전쟁이 발발하기까지 6년여간 지속되었습니다.

이러한 분위기 속에서 독립협회는 좀 더 적극적으로 나서기 시작했습니다. 탐관오리 규탄, 외국의 이권 저지, 언론과 집회의 자유권 수호 운동……. 이 모든 활동 중에서도 가장 큰 성과로 꼽힐 만한 것은 친러 수구파를 몰아내고 개혁파 인사를 중앙으로 진출시킨 점이었습니다.

개혁파 정부를 수립한 이후 종로 거리에서 다시 공동회가 열렸습니다. 특히 이날은 정부의 높은 벼슬아치들까지 참석해 관리와 백성이 함께했다는 뜻에서 '관민공동회'라 불렀습니다.

이 자리에서 독립협회와 백성들은 나랏일에 관한 여섯 가지 사항을 조목조목 열거하여 고종 황제에게 건의했습니다.

"첫째, 앞으로 대한 제국은 외국에 의지하지 말고 관원과 백성이 한마음이 되어 황권을 굳게 다져야 합니다. 둘째, 외국에 이권을 넘기거나 새로운 조약을 맺을 때는 각부 대신들과 중추원 의장이 함께 서명하지 않으면 시행할 수 없게 해야 합니다. 셋째, 재정 문제는 탁지부에서 관리하되 다른 부서의 간섭을 받지 말며, 돈 쓴 내역을 백성들에게 알려야 합니다. 넷째, 중대한 죄인을 공개해 공평하게 심판해야 합니다. 다섯째, 칙임관_{임금이 임명하는 높은 벼슬아치} 임명은 다수의 의견을 들어야 하며, 여섯째, 홍범 14조를 잘 지켜 책임 있는 정치를 해야 할 것입니다."

이른바 '헌의 6조'라 불리는 것이었습니다. 고종 황제는 이를 수락하지 않을 수 없었습니다. 또한 중추원_{지금의 국회 구실을 하던 곳} 의원의 절반을 독립협회 회원으로 뽑을 결심을 전달했어요.

그러나 한편에서 친러 수구파들은 모략을 꾸미고 있었습니다. 그들은 독립협회가 고종을 폐위할 속셈이라고 모함했습니다.

"폐하, 지금 시중에는 독립협회가 대한 제국의 군주제를 폐지하고 공화제로 바꾼 다음, 대통령과 부통령을 뽑고 독립협회의 간부들을 대신으로 발탁하려 한다는 소문이 돌고 있사옵니다."

그 말에 고종은 깜짝 놀라 독립협회를 해산시켰습니다. 그리고 이상재와 남궁억 등 독립협회 간부 17명을 체포했습니다. 그러자 삽시간에 수천 명의 사람들이 모여들어 만민공동회를 열었습니다.

"독립협회 회원들을 석방하라!"

수천 명이 밤샘 시위를 벌이며 독립협회의 해산을 취소하라고 요구했습니다. 밤샘 시위는 17일째 이어지고 있었습니다. 고종과 수구파는 최후의 승부수로 황국협회 사람들을 불러들였습니다. 몽둥이로 무장한 보수 단체였습니다. 이들은 수구파의 사주를 받아 만민공동회를 기습 공격했습니다.

"황제를 모독하는 독립협회는 해산하라!"

"뭐라? 친일 매국노 황국협회는 해체하라!"

17일 밤낮을 가리지 않고 이어지던 만민공동회장은 눈 깜짝할 새 아수라장이 되어 버렸습니다. 이 과정에서 수많은 사람들이 다쳤고, 사망자까지 발생했습니다. 그러나 만민공동회는 쉽게 해산되지 않았습니다. 이후에도 30여 일 가까이 왕실과 수구파의 행태를 맹렬히 비판하며 시위를 벌였습니다. 끝내는 만민공동회도 무력 탄압 속에 해산당하고 말았지만 42일 동안 이어진 철야 시위도, 독립협회의 빛나는 활동도 뒷날 독립 의지와 민주주의 사상을 싹 틔우는 계기가 되었습니다.

달라진 경성의 모습

고종 황제는 "외세에 휘둘리지 않는 자주적인 나라를 만들어야겠다!"고 생각했습니다. 그러기 위해서는 낡은 제도를 뜯어고치고, 새로운 정책을 실시해야 한다고 판단했습니다.

우선 학교 설립을 추진했습니다. 특히 되도록 많은 국민이 교육을 받을 수 있도록 소학교에 대한 지원을 아끼지 않았습니다. 뿐만 아니라 교사를 양성하는 사범학교와, 소학교를 마치고 진학할 수 있는 중등학교를 지었습니다. 나아가 외국인 선교사가 학교를 세우려 하자 건물을 싼값에 빌려 주기도 했습니다. 1885년, 미국인 선교사 아펜젤러가 학교를 세웠을 때는 고종 황제가 직접 이름을 지어 주기도 했어요. 바로 '배재학당'이었는데, '인재를 배양하라!'는 뜻이었지요.

▲ 배재학당

뒤이어, 1886년 여학교인 이화학당도 생겼습니다. 처음에는 여성에게 학문에 뜻을 둘 기회를 주지 않는 관습 때문에 학생을 구하는 데 어려움이 많았지만, 어느 정도 시간이 흐르자 입학생 수가 늘었고 곧 졸업생도 배출할 수 있게 되었습니다.

또한 정부는 상업과 공업의 발달에 나라의 미래가 달려 있다고 판단하고 공장과 회사를 설립하도록 했는데, 이때 방직 공장을 비롯해 제지 공장 등이 세워졌습니다. 나아가 이들을 돕기 위해 은행을 개설하고 교통과 통신 시설도 현대식으로 바꾸었습니다. 바로 이즈음에 경성에 처음으로 전차가 개통되었고 1898년, 철도도 놓였습니다. 경성과 제물포 사이에 전화선이 연결된 것도 이 무렵이었지요.

▲ 이화학당

거리의 모습도 많이 달라졌습니다.
지나가는 사람들의 옷차림이 서양
식으로 바뀌었는데, 남자는 양복을
주로 입었습니다. 고종 황제도 생활
의 편리함을 들어 양복을 적극 권
장했지요. 여자는 여밈 없는 통치마를 입기 시작했으며 활동에 편리하도록 치마
길이도 조금 짧아졌습니다. 쓰개치마와 같은 옷은 점점 보기 힘들어졌지요.

아울러 현대식 건물과 집이 들어서기 시작했습니다. 시멘트와 유리, 그리고 벽돌로
지은 집이 늘어났지요. 명동성당과 덕수궁 석조전, 동숭동의 대한의원과 같은 건물
들이 이 무렵부터 들어섰습니다.

1885년, 최초의 서양식 병원 제중원(왕립 광혜원)도 문을 열었어요. 이 병원은 갑
신정변 때 크게 다친 민영익을 무사히 치료해 낸 덕에 고종의 총애를 얻은 외국인
선교사가 건의하여 세워
졌지요. 이어 정부에서는
1899년에 국립병원인 광
제원을, 1907년엔 광제
원의 업무를 확대해 대한
의원을 설립했습니다.

▲ 대한의원

21장 | 일제의 국권 침탈

을사조약과 시일야방성대곡

러·일 전쟁과 을사조약 ◉ 일본은 청나라에 이어 러시아와 또 한차례 싸움을 벌였습니다. 1904년 2월, 일본군이 청나라의 뤼순 항구에 머물러 있던 러시아군을 기습하면서 전쟁이 시작되었지요. 물론 이 전쟁은 한반도와 만주 지역을 독차지하려는 두 나라의 욕심 때문에 일어난 전쟁이었어요.

이때 대한 제국은 중립을 선언했지만, 일본은 콧방귀도 뀌지

▼ 러·일 전쟁을 묘사한 그림이에요.

않고 강제로 대한 제국 정부에 '한·일 의정서'라는 조약을 체결하게 했습니다.

"이것은 우리 일본 정부가 대한 제국의 독립과 안전을 보장할 것이라는 조약서요. 다른 나라가 대한 제국을 침략하거나 반란이 일어났을 경우 우리 일본 군대가 달려와 막아 줄 것이며, 아울러 그런 상황을 대비해 필요한 곳은 어디든 일본군이 군사시설을 설치할 수 있다는 내용이 함께 담겨 있소."

고종 황제는 분명히 반대했지만, 외부대신 서리 이지용이 문서에 서명함으로써 조약이 발효되었습니다. 더구나 일본은 러시아와 싸울 때마다 승리했지요. 러시아를 견제하려는 미국과 영국의 도움이 컸어요. 결국 영국과 미국이 나서서 러시아와 일본이 조약을 맺게 했는데, 이 조약에 따라 일본은 '한반도에 대한 지배와 보호 감독권'을 갖게 되었지요. 당사자인 대한 제국은 쪽

빼놓고 저희들끼리 승인을 한 것이었습니다.

이후부터 일본은 더욱 노골적으로 대한 제국의 내정에 간섭하기 시작했습니다. 그들은 경찰의 임무를 자진해서 맡는가 하면, 정부 내에 고문을 두어 대한 제국의 정책을 마음대로 휘저었습니다. 돈벌이가 될 만한 사업도 모두 일본인 차지가 되었습니다.

이에 대한 제국 국민들의 반발이 심해지자 일본은 일진회를 앞세워, "대한 제국 국민의 생명과 재산을 보호하고 조선의 독립을 확고하게 보장받기 위해서는 일본과 긴밀한 관계를 맺지 않으면 안 됩니다"라는 주장을 떠벌리고 다니게 했습니다.

그리고 마침내 1905년 11월에 이토 히로부미가 특사 자격으로 대한 제국에 건너왔습니다. 그는 미리 준비해 온 조약문을 고종 앞에 내놓으면서 서명하라고 윽박질렀습니다. 거기에는

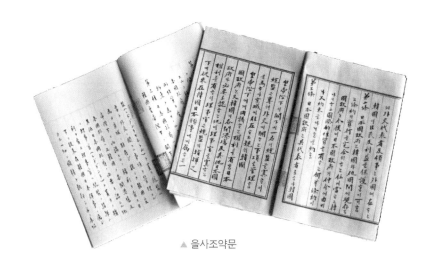

▲ 을사조약문

앞으로 대한 제국은 일본의 허락 없이는 다른 나라와 어떤 조약도 맺을 수 없다는 내용이 들어 있었지요. 말하자면 대한 제국의 외교권을 일본이 갖겠다는 뜻이었습니다.

고종 황제는 도저히 서명할 수 없었습니다. 그러자 이토 특사는 일본군으로 궁궐을 포위하고, 참정대신 한규설을 비롯한 8명의 대신들을 덕수궁 중명전으로 불렀습니다. 그리고 한 사람 한 사람에게, "그대는 조약에 찬성하시오?" 하고 물었어요. 이때 찬성하지 않는 대신은 바깥으로 끌고 나갔지요. 위협적인 분위기가 계속되는 동안 8명 중 5명이 찬성했습니다. 이완용, 권중현, 이지용, 이근택, 박제순이 그들이었습니다. 결국 조약이 강제로 체결되었습니다. 이것이 바로 을사조약이었습니다.

이로써 조선은 일본에 외교권을 박탈당하고 자주권이 심각하게 손상되었습니다. 이제 대한 제국은 자주적으로 다른 나라와 어떤 교섭이나 조약도 맺을 수 없었고, 다른 나라에 대표를 보낼 수도 없었습니다. 일본은 황제가 서명하지 않았음에도 불구하고 이 조약을 공표했습니다.

그리고 통감부를 설치하여 이토 히로부미로 하여금 초대 통감에 임명했습니다. 통감부 아래는 여러 가지 관청을 설치하여 대한 제국의 외교뿐 아니라 경제와 정치 등, 내정 간섭을 강화했습니다.

▲ 을사조약의 부당함을 알린 『대한매일신보』 호외 기사

「**시일야방성대곡**」**과 의병** ❀ 이튿날 소식이 전해지자 백성들은 분노하며 치를 떨었습니다. 상점은 문을 닫았고, 학생들은 학교를 가지 않았습니다. 온 나라 사람들이 달려 나와 시위를 벌이며 일본의 침략을 비난했습니다. 성난 군중들 일부는 이완용의 집으로 달려가 불을 지르기도 했습니다.

"이 조약은 무효다! 나라를 팔아먹은 을사 5적을사조약에 찬성한 5명의 대신을 처단하라!"

이어 이상설이 을사 5적의 목을 베라는 상소를 올렸고, 장지연은 『황성신문』에 글을 실어 을사조약의 부당함과 원통함을 전했습니다.

▲ 신문에 실린 「시일야방성대곡」이에요.

아, 4천 년의 강토와 5백 년의 사직을 남에게 들어 바치고 2천만 생령들로 하여금 남의 노예 되게 하였으니, 저 개돼지보다 못한 외부대신 박제순과 각 대신들이야 깊이 꾸짖을 것도 없다 하지만……. 우리 2천만 동포여, 노예 된 동포여! 살았는가, 죽었는가? 단군, 기자 이래 4천 년 국민 정신이 하룻밤 사이에 홀연 망하고 말 것인가. 원통하고 원통하다. 동포여! 동포여!

'시일야방성대곡'이날 어찌 소리 높여 통곡하지 않겠는가,라는 뜻이라는 제목의 이 글을 읽은 사람들은 함께 통곡했습니다.

한편 고종은 친서를 써서 외국의 기자들에게 알렸습니다.

"짐은 총칼의 위협 속에서 맺어진 이 조약에 결코 동의한 적이 없다!"

국민들의 분노는 날이 갈수록 더해졌습니다.

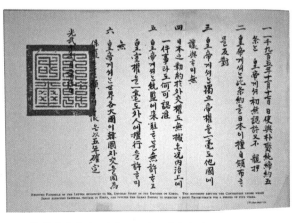
▲ 고종 황제가 을사조약이 무효임을 알리기 위해 외국의 기자들에게 전달한 친서예요.

안병찬이라는 사람은 도끼를 들고 대궐 앞으로 달려가 "을사5적의 머리를 베지 않으려거든, 이 도끼로 내 목을 내려치시오!" 하며 울부짖었고, 끝내는 스스로 목숨을 끊었습니다. 영국 공사로 나가 있던 이

한응은 "아, 이제 주권 없는 나라가 되었으니 어찌 이를 두고 볼 수 있겠는가?"라면서 자결했고, 이어 민영환도 "한 나라의 대신임에도 나라를 바로 구하지 못했으니 어찌 살아 숨 쉴 수 있겠는가?"라고 통곡하며 스스로 목숨을 끊었습니다. 그는 죽기 전, 여러 나라의 공사들에게 보내는 유서를 남기기도 했습니다.

▲ 민영환은 자신의 명함에 유서를 남겼습니다.

　이어 곳곳에서 의병이 일어났습니다. 민종식이 가장 먼저 의병을 일으켰습니다. 1906년 3월, 일본 순사를 처단한 그는 충청도 홍주에서 군대를 모았습니다. 경상도에서는 높은 벼슬을 했던 정환직이 의병을 일으켰고, 최익현도 70세의 고령에도 불구하고 전라도 태인에서 의병을 일으켰습니다.

　최익현은 일본군에게 사로잡혀 쓰시마로 유배를 당한 뒤, 물한 모금, 밥 한술도 거부한 채 버티다가 세상을 떠나고 말았습니다.

국권 회복 운동과 고종의 퇴위

　국채 보상 운동 ✽ 일본은 외교권만 빼앗은 것이 아니었습니다. 일본은 대한 제국의 경제까지 예속남의 지배나 지휘 아래 매이는 일시키려 했습니다.

　"대한 제국의 제도를 정비하고, 산업 시설을 증설해야 합니다.

도로와 통신 시설도 확충해야 하므로 많은 돈이 필요합니다.”

통감부는 여러 가지 이유를 들어 일본에서 자금을 들여오게 했습니다. 그렇게 일본에 빌린 돈이 불과 몇 년 사이에 1300만 원에 이르렀는데, 당시로서는 나라의 1년 예산과 맞먹는 금액이 었습니다. 이것은 고스란히 대한 제국이 일본에 갚아야 하는 빚 이 되었고, 그럼으로써 일본에 점점 더 기대게 되었지요.

바로 이즈음, 대구의 서상돈과 김광제는 단연회담배를 끊자는 모임 를 만들었습니다. 그들은 담배를 사려던 돈을 나라 빚을 갚는 데 쓰겠다고 내놓았습니다.

“우리가 일본의 속박으로부터 하루빨리 벗어나는 길은 우선 빚을 갚는 것입니다. 모든 국민이 담배를 끊어 그 돈만이라도 저 축하여 나라를 구하는 데 쓰도록 합시다! 우리 동포가 한 사람 에 65전씩이때 대한 제국의 인구가 2000만이었으므로 이를 토대로 계산하면 1인당 약 65전을 기부하면 됨만 내면 나라의 빚을 모두 갚을 수 있습니다.”

그러자 여성들도 나섰습니다.

“우리는 금반지와 은비녀를 내놓겠어요.”

이런 소식은 금방 전국으로 퍼져 나갔지요. 전 국민이 빚을 갚 자는 운동에 참여하기 시작한 것입니다. 이를 ‘국채 보상 운동’ 이라 불렀습니다.

곧 고종 황제도 담배를 끊었고, 궁녀들도 한두 푼씩 모았습니 다. 학생들도 나섰고, 하루 벌어 겨우 먹고사는 노동자들도 국채

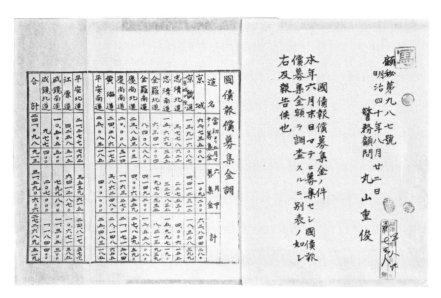

▲ 국채 보상 운동 모금표

보상 운동이라면 발 벗고 나섰습니다. 심지어 해외 유학생들과 교포들까지 돈을 보내왔습니다. 이 덕분에 1907년 4월까지 성금이 230만 원에 이르렀습니다.

이에 당황한 일본은 국채 보상 운동에 앞장선 양기탁을 '공금 횡령'의 누명을 씌워 체포했고 온갖 방법으로 국채 보상 운동을 방해했습니다. 그 때문에 이 운동은 아주 큰 성과는 거둘 수 없었지만, 국민들의 국권 회복 의지를 다시 한 번 일깨워 주었습니다.

▲ 국채 보상 운동 기념비

헤이그 특사와 황제의 퇴위 ❀ 국민들의 국채 보상 운동에 자극을 받은 고종은 황제로서 나라의 자주권을 찾을 방법을 생각해 보았습니다.

어느 날, 고종 황제는 민족 계몽 운동에 힘쓰고 있던 이준과 이상설을 감시의 눈을 피해 몰래 불러들였습니다.

"곧 화란네덜란드의 헤이그란 곳에서 세계의 모든 대표들이 모이는 만국평화회의가 열린다고 하오. 그곳에 두 사람이 달려가 우리의 사정과 일본의 침략 사실을 알려 주길 바라오."

그리고 고종 황제는 비밀리에 신임장과 여비를 마련해 주었습니다.

이상설과 이준은 곧 만주를 거쳐 러시아의 페테르부르크에 도착했습니다. 그리고 그곳에서 러시아 공사의 참사관이었던 이위종과 합류해 네덜란드로 달려갔습니다. 세 사람은 곧바로 만국평화회의의 의장인 러시아 대표 넬리토프를 찾아가, "우리는 대한 제국의 대표입니다. 여기에 황제의 신임장도 가져왔습니다. 우리가 회담에 참석할 수 있도록 해 주십시오"라고 부탁했습니다.

그러나 넬리토프는, 이미 대한 제국은 일본과 조약을 맺어 외교권을 잃지 않았냐며 회의 참석을 거절했습니다. 네덜란드 정부에 요청을 해 보았지만 똑같은 대답이 돌아왔습니다.

"이미 대한 제국은 일본과 조약을 맺었으므로 회의에 참석할 자격이 없습니다."

게다가 일본까지 방해했기 때문에, 결국 세 사람은 회의장에 들어갈 수가 없었습니다. 가재는 게 편이라고 제국주의 국가들은 모두 일본 편을 든 것이지요. 그나마 큰 성과라면 세 사람의 행동이 각국의 신문에 보도됨으로써 대한 제국에 대한 관심이 높아졌다는 것이었습니다.

그러나 이 일로 고종 황제는 매우 난처해졌습니다. 이토가 조약을 위반했다며 노골적으로 퇴위를 요구했기 때문입니다.

"이제 황제는 믿을 수 없소. 어서 세자에게 황제의 자리를 물려주고 뒤로 물러나 앉으시오."

을사조약에 찬성했던 이완용과 이지용 등까지 나서서 거들었습니다. 결국 고종 황제는 물러나고 말았습니다.

▲ 이준 열사 묘역. 그는 끝내 헤이그에서 눈을 감게 되는데, 사인은 정확히 밝혀지지 않았습니다. 당시 네덜란드 신문은 "한국에 대한 일본의 잔인한 탄압에 항거하기 위해 이상설, 이위종과 같이 온 이준 씨가 숨을 거두었다"고 기사를 내보냈습니다.

이 소식이 전해지자 수많은 시민들이 대한문 앞으로 몰려나와 항의했지만, 일본은 군대를 늘려 시민들의 움직임을 차단했습니다. 고종 황제의 퇴위는 사실상 대한 제국의 끝을 의미하는 것이었습니다.

신민회의 애국 계몽 운동 ✿ 바로 이즈음, 또 다른 국권 회복 운동이 서서히 고개를 들고 있었습니다.

"무엇보다 지금 우리가 선구적으로 나서서 자기를 수양하고 백성들의 모범이 되어야 합니다. 또한 동지들이 굳게 단결한 그 힘으로 교육과 산업 육성에 힘써서 민족의 힘을 모아야 합니다. 그리하여 앞으로 다가올 독립을 대비하고 민족 재생의 큰 사업을 이룩해야 할 것입니다."

스스로 깨우치고 배워야 강해지고, 또한 나라를 되찾을 수 있다는 것이었지요. 안창호는 특히 애국심과 민족 의식을 강조하며 비밀 결사 조직인 신민회를 만들어 애국 계몽 운동에 나섰습니다. 여기에는 신채호와 양기탁을 비롯해 김구와 이동녕, 이동휘 등이 참여했습니다.1907년

신민회는 우선 네 가지 목표를 세웠습니다. 첫째, 국민에게 민족 의식과 독립 사상을 고취시킬 것, 둘째, 동지를 찾아내 단합하여 국민 운동의 역

▲ 안창호

신민회의 이름은 무슨 뜻이에요?

신민(新民)의 뜻은 '국민을 새롭게 한다'는 뜻이에요. 국민을 새롭게 한다는 것은 다른 나라에 의존하기를 넘어서 스스로 노력하고 생각하는 국민을 키워 낸다는 것을 의미하지요. 즉 국민을 새롭게 해야만 나라의 자주독립을 이룰 수 있다는 뜻에서 이름을 신민회로 한 것이에요.

량을 쌓아 나갈 것, 셋째, 교육 기관을 세우고 청소년을 교육할 것, 넷째, 상공업 기관을 만들어 단체의 재정과 국민의 무력을 증가시킬 것이 신민회의 큰 목표였습니다.

신민회가 이런 목표를 가지고 벌인 최초의 사업은, 신문과 잡지를 발행해 국민의 지식을 계발하는 것, 학교를 설립해 인재를 양성하는 것, 국외에 무관 학교를 설립해 독립 전쟁에 대비하는 것, 독립군 기지를 건설하고 독립군을 만드는 것 등 모두 일곱 가지였습니다.

이를 위해 신민회는 청년학우회를 만들어 청소년을 선도, 교육시키고 국권 회복 운동을 전개하는 중심체로 삼았지요. 뿐만 아니라 대성학교를 설립하여 새로운 인재를 키워 냈고 태극서관을 만들어 국민들에게 읽힐 만한 책을 출판하도록 했습니다. 나아가 일본과의 무력 독립 전쟁을 준비하기 위해 만주에 독립군 기지와 무관 학교를 설립했어요.

그러던 중 1910년 평안도에서 안명근이 데라우치조선총독부 초대 총독를 암살하려다가 실패하는 사건이 일어나자 일본은 민족 지도자 수백 명을 검거하고 이 중 105명에게 실형을 선고했는데, 이 과정에서 신민회의 정체가 탄로 나 강제로 해체되고 말았습니다.

군대 해산과 의병 전쟁

1907년, 헤이그 특사 사건이 실패한 후 고종 황제가 물러나고 융희 황제_{순종}가 즉위하자, 일본군 사령관 하세가와는 "황제 폐하, 어차피 대한 제국은 우리 일본이 보살펴 줄 것이니 군대가 필요치 않습니다"라고 말했습니다. 그러더니 창경궁을 포위한 뒤, 대한 제국 군인들을 무장해제시켰습니다. 곧 하세가와는 총리대신 이완용과 군부대신 이병무를 앞세워 융희 황제로부터 군대 해산 명령서에 서명을 받아 냈습니다.

이 사실이 알려지자, 국왕의 호위 부대인 시위대 제1연대 제1대대장 박승환은 스스로 목숨을 끊었습니다. 이에 자극받은 그의 부하들은 대장의 원수를 갚아야 한다며 시위를 벌였고, 마침내 일본군과 남대문 앞에서 마주쳤습니다. 곧 치열한 싸움이 벌어졌습니다. 하지만 대한 제국의 군인들은 기관총으로 무장한 일본군에게 밀려 후퇴하지 않을 수 없었습니다.

그러나 전국 각지에서 군대 해

▲ 프랑스의 한 신문에 소개된 의병 전쟁의 모습이에요.

산 소식을 들은 의병들이 일어나기 시작했습니다. 이 의병들은 해산된 대한 제국의 군대와 손잡고 더욱더 큰 세력으로 성장하기 시작했습니다.

원주에 이어 여주와 양구에서 봉기한 의병들은 해산된 군인들과 손잡고 일본군을 무찌른 뒤 각 지역의 읍내를 점령했습니다. 또한 이강년과 신돌석은 서로 힘을 합해 경상도 문경에서 일본군 부대와 싸워 이겼고, 그 이후로는 크고 작은 싸움들이 전국 곳곳에서 벌어지기 시작했습니다.

그러던 어느 날이었습니다. 원주 지역에서 의병을 모아 일본군과 맞서 싸우던 이은찬은 이구재와 함께 의병장 이인영을 찾아왔습니다.

"장군, 전국의 의병을 모아 한양으로 진격합시다. 한양으로 쳐들어가 일본군과 친일파를 몰아내고 나라를 되찾읍시다."

곧 이인영이 의병 총대장이 되었습니다. 그리고 이은찬과 이구재는 전국 각지의 의병들에게 서신을 보냈습니다.

왜놈들의 침략에 항거하여 일어선 의병들은 보시오. 오늘, 우리는 왜놈의 군대를 이 땅에서 몰아내고 나라의 주권을 찾으며, 나아가 독립을 이루기 위해 일어섰소. 마땅히 한곳에 모여 크게 왜놈들을 무찌를까 하니 이인영 장군 아래로 모여주기 바라오.

▲ 불원복 태극기. 구례 지방에서 활약한 의병장 고광순이 사용하던 태극기. 불원복이란, 곧 국권을 회복한다는 뜻이에요.

　이 서신은 곧 전국 13도에서 일어난 의병들에게 퍼져 나갔습니다. 서신을 본 의병들은 저마다 고개를 끄덕였습니다.

　"우리 모두 한양으로 갑시다!"

　이윽고 13도의 의병들이 한곳에 모이기 시작했습니다. 이들은 순식간에 6000명에 이르렀고 이 부대를 '13도 창의대'라 불렀습니다.1908년

　마침내 군사장 허위가 이끄는 선발 부대가 한양 근교까지 진격했습니다. 그러나 일본군의 우세한 화력에 밀려 뜻을 이루지

못했습니다. 게다가 13도 창의대의 총대장인 이인영은 아버지의 죽음 때문에 고향으로 돌아가고 말았습니다.

　이후에도 이인영의 중책을 이어받은 허위는, 임진강에서 활약중이던 의병들과 연합 부대를 꾸리는 등 맹활약하다가 6월에 일본군에게 사로잡혔습니다. 허위는 일본군 장교가 왜 의병을 일으켰느냐고 묻자, "나로 하여금 의병을 일으키게 한 자는 네놈들의 대장 이토 히로부미다. 그러니 죄인이라면 바로 이토가 죄인이다. 내 죄를 묻지 마라!"라며 꾸짖었습니다. 안타깝게도 허위는 곧바로 죽임을 당하고 말았습니다.

　안동에 있던 이강년도 붙잡혀 사형을 당했습니다. 일본군은 의병들이 잡히는 즉시 그때마다 사람들이 보는 앞에서 공개 처형했습니다.

　그러나 의병들의 전쟁은 끝나지 않았습니다. 1907년부터 1910년까지 모두 14만 2000명에 달하는 의병이 일어났고 싸움만 3000번 넘게 치렀습니다. 일본의 침략이 가혹해질수록 의병들은 더 거세게 저항했던 것입니다.

안중근 의거

　조선의 모든 권리를 빼앗고, 사실상 조선을 식민지로 만드는데 가장 큰 역할을 한 사람은 초대 통감인 이토 히로부미였습니다. 그는 1909년 6월에 통감에서 물러났지만 이후에도 '기유각서'라는 것을 체결하게 하여 조선인에 관한 재판도 일본 사람들이 맡게 했습니다.

그해 10월 이토가 만주에 철도를 놓는 문제를 두고 러시아와 협상하기 위해 하얼빈에 온다는 소식이 들려왔습니다. 그때, 러시아에서 12명의 동지와 '단지동맹'을 결성해 적극적인 항일 운동을 벌이고 있던 안중근은 이토를 암살할 계획을 세웠습니다.

"내가 이토 히로부미를 처단하겠습니다."

굳은 결심을 한 안중근은 1909년 10월 26일 아침 9시, 만반의 준비를 마친 뒤 하얼빈 역에서 이토를 기다렸습니다. 9시가 조금 넘자 이토는 러시아 재무대신 코코프체프와 일본 총영사의 안내를 받으며 기차에서 내렸습니다.

안중근은 호위를 위해 두 줄로 늘어서 있던 러시아군 뒤에 서 있다가 재빨리 앞으로 나서서 이토 히로부미의 가슴과 머리를 향해 총을 쏘았습니다.

"탕, 탕, 타앙!"

총소리가 하얼빈 역에 울려 퍼졌습니다. 비명 소리와 함께 순식간에 플랫폼이 아수라장이 되어

단지동맹

의병 운동에도 참가한 적이 있는 안중근은 문화 운동만으로는 일본의 침략을 막을 수 없다고 판단하고, 블라디보스토크로 망명해 12명의 동지를 만나 무장 투쟁을 결의합니다. 이때 안중근은 동지들과 함께 왼손 약지 손가락을 자르고, 그 피로 태극기에 '대한 독립'이라는 글자를 새깁니다. 즉 단지동맹은 손가락을 자르고 피로 맹세했다는 뜻에서 붙인 이름입니다. 안중근의 넷째 손가락 한 마디가 없는 것은 바로 그 때문입니다.

▲ 안중근의 손바닥. 넷째 손가락이 짧습니다.

▲ 안중근의 이토 저격 장면(안중근 의사 기념관)

버렸습니다. 총을 맞은 이토 히로부미는 그 자리에서 쓰러졌습니다. 하지만 안중근은 혹시라도 이토의 숨이 붙어 있을지 모른다는 생각에 권총에 남아 있던 세 발을 더 쏘았습니다.

그 세 발은 이토 히로부미를 뒤따르던 하얼빈 일본 영사 가와카미 도시히코, 비서관 모리 타이지로, 남만주 철도 이사 다나카 세이타로의 가슴에 박혔습니다. 이어 러시아 헌병들이 달려와 안중근을 포위했습니다. 그러나 안중근은 겁내지 않고 러시아말로 외쳤습니다.

"코레 아우라! 코레 아우라!"

'대한 만세'라는 뜻이었습니다. 안중근은 하얼빈 역에 있는 러시아 헌병 파출소로 끌려갔다가 그날 오후에 일본 영사관으로 넘겨졌습니다. 이후 안중근은 총 여섯 번의 재판을 받게 됩니다.

"왜 이토 히로부미를 죽였소?"

"나는 한 개인으로서 이 일을 행한 것이 아니요, 대한의군 참모중장의 자격으로 조국의 독립과 아시아의 평화를 위해서 행한 것이오. 내가 이토를 죽인 이유는 그가 열다섯 가지 죄를 지었기 때문이오. 첫째는 대한 제국의 명성 황후를 죽인 죄요, 둘째는 고종 황제를 강제로 물러나게 한 죄요. 셋째는 을사조약과 한·일 신협약을 강제로 맺은 죄요. 넷째는 죄 없는 대한 제국 백성을 무수히 죽인 죄이며, 다섯째는 대한 제국의 정권을 강제로 빼앗아 통감 정치 체제로 바꾼 죄이고, 여섯째는 철도와 광산 그리고 산림과 농지를 강제로 빼앗은 죄요. 일곱 번째 죄는 일본 제일은행에서 발행한 지폐를 강제로 사용하게 하여 경제를 혼란에 빠뜨린 죄이며, 여덟 번째는 대한의 군대를 강제로 해산시킨 죄, 아홉 번째는 우리 민족의 교육을 방해한

▼ 안중근 동상

죄, 열 번째는 우리 민족의 유학을 금지시키고 대한 제국을 식민지로 만든 죄, 열한 번째, 교과서에서 우리 민족의 역사를 없애고 우리의 교과서를 모두 빼앗아 불태워 버린 죄, 열두 번째, 대한 제국이 일본인의 보호를 받기 원한다고 온 세계에 거짓말을 퍼뜨린 죄, 열세 번째, 현재 대한 제국과 일본 사이에 전쟁과 소동이 끊이지 않고 있는데, 대한 제국이 아무 탈 없이 편안한 것처럼 꾸며 위로는 천황을 속인 죄, 열네 번째, 대륙을 침략하여 동양의 평화를 깨뜨린 죄이며, 열다섯 번째 죄는 일본 천황의 아버지를 죽인 죄로다. 그러니 어찌 그자를 죽이지 않을 수 있겠는가?"

1910년 2월 14일, 마지막 공판이 열렸습니다.

"피고 안중근을 사형에 처한다."

안중근은 항소를 포기하고 두 동생에게 유언을 남겼습니다.

내가 죽은 뒤에 나의 뼈는 하얼빈 공원 곁에 묻어 두었다가 우리가 독립이 되거든 고국으로 옮겨다오. 나는 천국에 가서도 마땅히 우리나라의 독립을 위해 힘을 다할 것이다. 너희들은 돌아가 동포들에게 각각 책임을 지고 백성 된 도리를 다하라 이르라. 마음을 같이하고 힘을 합하여 공을 세우고 업적을 이루도록 힘쓰라. 곧 대한 독립의 소리가 들려오면, 나는 마땅히 춤을 추며 만세를 부르리라.

재판을 맡은 관동도독부는 1910년 3월 26일 오전 10시에 안중근 의사를 교수형에 처했습니다. 안중근 의사의 두 동생은 형의 뜻을 받들기 위해 유해를 넘겨 달라고 했지만, 일본 정부는 그 요구를 들어주지 않았습니다. 안중근 의사의 유해를 넘겨 주면, 그가 묻힌 곳이 독립 운동의 중심지가 될까 두려웠기 때문입니다. 이때 안중근의 나이 32세였습니다.

한·일 병합과 일제의 무단통치

한·일 병합 안중근이 이토 히로부미를 저격하고 두 달이 채 지나지 않은 1909년 12월, 일진회가 정부에 청원서를 제출했습니다. "대한 제국과 일본이 한 나라가 된다면 두 나라는 영원히 번영할 것입니다"라는 내용이었지요. 이는 한·일 병합을 계획한 일본과 송병준 등을 포함한 친일 대신들이 주도한 것이었어요. 마치 한·일 병합을 국민들이 원하는 것처럼 꾸미기 위해서였습니다.

이어 일본은 새 통감에 데라우치를 임명하고 2000여 명의 헌병을 궁궐 안팎에 배치했습니다. 그리고 삼엄한 경비를 펼치기 시작했습니다. 1910년 여름에는 경찰의 수를 5000명으로 늘리고, 헌병 보조원을 4000명이나 새로 뽑았습니다. 경성 거리 곳곳에 이들을 풀어놓고 지나는 사람들을 샅샅이 검문했습니다. 그런 분위기 속에서, 8월 22일에 한·일 병합 조약이 맺어졌습니다.

일본은 일주일 뒤인 8월 29일 이를 공식적으로 반포했습니다. 이와 함께 대한 제국이라는 나라 이름을 쓰지 못하게 했으며, 통감부 대신 조선총독부를 두어 한반도를 통치하게 했습니다. 조선의 궁궐 경복궁에는 일장기가 내걸렸습니다.

10월 1일에 데라우치가 총독에 임명되었습니다. 그는 대한 제국의 내각을 없애는 동시에 "조선 사람들은 앞으로 일본의 법에 복종해야 하며, 따르지 않는 자는 죽음을 각오해야 할 것이다!"

라며 국민들을 위협했습니다. 그러나 왕족과 한·일 병합에 찬성한 대신들에게는 귀족의 호칭을 주었습니다. 특히 친일에 앞장선 이완용 같은 사람들에게는 백작 작위와 어마어마한 액수의 돈을 주기도 했습니다.

무단통치 일제는 전국 각지에 헌병 경찰을 배치했습니다. 이들은 단순한 범죄 수사는 물론, 일본에 저항하는 사람들을 체포하는 일에서부터 심지어 산림을 감시하고 어업과 농업을 단속하는 일, 나아가 세금을 걷는 일, 일본어를 보급하는 일 등 아주 사소한 일까지 일일이 감시하고 관여했습니다.

헌병 경찰은 정식적인 법 절차 없이도 자의적인 판단으로 조선인을 처벌할 수 있는 권한을 가지고 있었지요. 이들은 특히 일본에 반대하는 조선 사람들은 무조건 끌고 가 감옥에 가두고 고문을 일삼았습니다.

학교에서는 우리말과 역사를 가르치지 못하게 했고, 그와 관

▲ 한·일 병합 조약 문서

▲ 동경에 세워진 한·일 병합 기념탑

▲ 일본어 사용을 권장하는 내용의 포스터

련된 책도 보지 못하게 했습니다. 그런가 하면 역사를 왜곡하여 가르치기도 했습니다.

"일본은 고대부터 한반도 남쪽 지방을 식민지로 지배하였다!"

일제는 '임나일본부설'이라 불리는 이 터무니없는 사상을 억지로 강요했습니다.

또한 애국 계몽 운동가들이 펴낸 『을지문덕』, 『이순신』처럼 민족 정신을 일깨우는 책들은 판매하거나 읽는 것조차 금지시켰습니다. 뿐만 아니라 일제를 비판하며 국민들이 올바른 생각을 갖도록 앞장선 『황성신문』과 『대한매일신보』, 『경향신문』과 같은 신문까지 폐간시켰습니다. 심지어 해외에서 동포들이 펴내던 『합성신보』와 같은 잡지를 국내로 보내는 것도 금지했지요. 그런 반면, 조선총독부의 기관지였던 『경성일보』와 그의 자매지 『매일신보』 등은 점점 덩치를 불려 나가 일본의 식민지 정책을 홍보하고 선전하는 데 큰 역할을 했습니다. 이런 일이 있기 전까지만 해도 『매일신보』의 전신바뀌기 전의 본래 모습인 『대한매일신보』는 '대한 사람'들을 위해, '대한 사람'들이 만들던 신문이었습니다. 『대한매일신보』는 우리 민족에게 용기를 북돋고 독립 의지를 일깨우는 데 큰 역할을 했었지요. 하지만 일제는 바로 그런 신문이었기에 처음엔 탄압을 했고, 나중엔 앞 두 글자를 떼어 낸 후 총독부 기관지로 바꾼 것입니다.

학교에서는 군복을 입고 칼을 찬 선생님이 아이들을 가르쳤습니다. 가장 중요한 과목은 일본어였고, 어떤 과목에서든 일본의 천황에게 충성해야 한다고 가르쳤습니다.

일제는 문화재에도 손을 댔습니다. 개성과 경주, 경성 등 곳곳에 남겨진 문화재를, 연구를 핑계로 일본으로 실어 갔습니다. 심지어 무덤을 파헤쳐 부장품무덤과 함께 넣는 물건을 빼돌리는 일도 서슴지 않았습니다.

▲ 일제가 소학교에서 교재로 사용한 국어(일본어) 교과서

1908년 3월 3일, 샌프란시스코로 가는 배 안에서는 미국인 한 사람이 기자회견을 열고 있었습니다.

"동양이 평화를 누리려면 조선은 반드시 독립을 포기하고 일본의 속국이 되어야 합니다. 조선은 오래도록 외국에 문호를 개방하지 않고 살았던 탓에 아직까지도 25년 전의 물건들을 쓰는 아주 미개한 국가입니다."

이렇게 말한 자의 이름은 스티븐스(D.W.Stevens)였습니다.

그는 고종 황제가 강제로 물러나야 했을 때 일본 편에 섰던 친일 미국인이었습니다. 그런 스티븐스가 일본 외무성의 비밀스러운 명령을 받고 미국으로 향하는 중이었습니다.

이때, 소식을 들은 샌프란시스코의 민족 운동 단체 '공립협회'와 '대동보국회'는 힘을 모아 공동회를 개최하고 항의 대표단을 파견하기로 결정했어요. 하지만 스티븐스는 대표단의 사과 요구를 무시하면서 오히려 '조선에는 이완용 같은 충신과 이토 히로부미와 같은 통감이 있으니 큰 행복이오'라는 망언을 늘어놓았지요.

이에 분개한 전명운은 분노를 이기지 못하여 홀로 오클랜드 부두로 나갔습니다. 그리고 일본 총영사와 함께 나타난 스티븐스를 향해 방아쇠를 당겼습니다. 하지만 이 총탄은 불발이 되고 말았습니다. 그러나 전명운은 포기하지 않고 스티븐스와 격투를 벌였습니다. 그런데 이때, 뜻밖에도 전명운처럼 스티븐스를 저격하려고 기다리고 있던 장인환이 권총을 쏘았습니다.

"탕탕……!"

세 발은 스티븐스의 가슴에, 그리고 한 발은 전명운의 어깨에 맞았습니다.

스티븐스는 병원으로 옮겨졌으나 이틀 후 사망하

▲ 전명운

▲ 장인환

였고, 전명운은 병원에서 이 소식을 듣고 눈물을 흘렸답니다.

공범자로 체포되었던 두 사람 중 전명운은 무죄, 장인환은 사형 판결을 받았는데, 장인환은 10년간의 복역을 마치고 난 후 가석방되었습니다.

토지를 빼앗긴 조선 사람들

1912년, 일제는 '토지 조사령'이라는 것을 발표했어요.

"전국의 모든 토지를 정확하게 측량하여 세금의 부담을 공평하게 하고, 소유권을 보호할 것이오. 뿐만 아니라 토지를 사고파는 것을 수월하게 하고, 토지를 개량하거나 여러 가지 목적으로 이용하는 데 도움을 줄 것이니 많은 협조를 바라오."

일제는 그럴듯한 핑계를 대며 조선의 토지를 낱낱이 측량하고 조사했습니다. 그러나 진짜 목적은 이를 통해 상당수 토지를 국유지로, 즉 총독부 소유로 만들려는 속셈이었습니다. 이 때까지 토지에는 단순한 소유권 외에도 농민들의 삶을 지탱하는 각종 권리가 들어 있었지 요. 예를 들면 주인이 없는 땅을 경작할 수 있는 권리인 '경작권'은 꼭 토지를 소유하지 않은

자라도 농사를 지어 살 수 있었지요. 그러나 일제는 조사 사업을
벌이는 과정에서 농민들이 가지고 있던 경작권이나 개간권 등은
인정하지 않았습니다. 이렇게 빼앗은 토지는 동양 척식 주식회
사와 돈 많은 일본인들에게 넘겨주었지요. 그럼으로써 일본인
지주가 급증했어요. 사실상 일제 자본의 토지 점유를 합법화한 것입니다.

이에 따라 지주들 마음대로 필요한 곡식을 키우도록 강요하는 일이 빈번해졌어요. 이를테
면 일본인 지주들은 총독부의 명령에 따라 자신들이 빌려 준 땅에 목화를 심도록 강요하기
도 했고, 누에를 치라고 윽박지르기도 했습니다. 결국 토지 조사 사업은 농민 계층의 몰락
을 가져왔습니다. 그뿐이었을까요? 토지를 사용하면 거기에서 나온 수익의 일부를 세금으
로 내야 했는데, 이는 속속 일제의 재정을 불렸지요. 식민지 땅에서 나온 돈으로 힘을 키우
고, 그 힘으로 다시 식민지를 운영할 수 있었던 것이지요.

"우리말도 쓰지 못하고, 땅도 빼앗겼으니, 어찌 이 나라에 산단 말이요?"

땅을 잃은 농민들은 집을 떠나 도시로 나가 품팔이 노동자가 되었고, 어떤 사람들은 가족을
이끌고 만주로 떠났습니다.

22장 | 독립 투쟁을 벌이다

3·1 운동과 임시정부의 수립

3·1 만세 운동의 시작 ✺ 한반도가 일제의 총칼에 유린당하고

있을 때, 나라 밖에서는 크고 작은 일들이 많았습니다. 1917년에

는 러시아 혁명이 일어났는데, 이때 혁명을 이끌었던 레닌이 "식

민지를 독립시켜야 한다!"는 연설을 했고, 1919년에는 미국의 윌

슨 대통령이 "식민지 국민의 운명은 그들 자신이 결

정해야 한다"는 선언을 했습니다.

이러한 일들은 나라 안팎에서 활동하던 독립 운

동가들을 자극했습니다.

"이 기회에 우리나라가 독립을 원하며, 일제가

그것을 방해하고 있다고 세계에 알려야 합니다!"

그럴 무렵, 고종 황제가 세상을 떠났습니다.1919년

그리고 괴소문이 돌았습니다.

"일본놈들이 고종 황제를 독살했답니다."

사실인지 확인할 길이 없는 이 소문으로 시민들

윌슨의 민족자결주의
1차 세계대전이 끝난 후 1919년 1월부터 프랑스 파리에서는 전후 처리를 위해 여러 나라가 참석한 회의가 열렸습니다. '파리 강화 회의'라고 부르는 이 자리에서 미국 대통령 윌슨은 '평화 원칙 14개조'를 제시했는데, 그 내용 중에 식민지 국가의 운명은 그 민족 스스로 결정해야 한다는 내용이 담겨 있었습니다. 이를 '민족자결주의'라고 부릅니다.

은 분노했고, 독립 운동가들은 삼삼오오 모여서 만세 운동을 계획했습니다.

그러던 1919년 2월 8일, 일본의 동경 한복판에서 유학생들이 독립 선언을 발표했습니다. 백관수가 독립선언서를 읽었고, 이어 400여 명의 유학생들이 일제히 "대한 독립 만세!"를 외쳤습니다. 그러고는 거리로 쏟아져 나가 시위를 이어 갔습니다. 비록 주모자 40명이 잡혀가면서 일단락되었지만, 국내에 있던 독립 운동가들에게 용기를 준 사건이었습니다.

국내에서는 학생 대표들과 종교계의 지도자들이 앞장서 만세 운동을 준비했습니다. 천도교 교주인 손병희, 기독교 쪽에서는

▼ 태화관에 모인 33인 민족 대표의 모습이에요.

▲ 3·1 독립 선언서(독립기념관 소장). 조국의 독립을 선언하며 비폭력적·평화적으로 자주 독립에 이르는 방법을 모색하는 내용을 담고 있습니다.

오산학교를 세워 학생들에게 애국 사상을 불어넣고 있던 이승훈, 불교 쪽에서는 한용운이 대표 격으로 나섰습니다. 이에 따라 2월 하순에는 33명의 민족 대표가 구성되었고, 2월 27일에는 최남선이 쓴 독립 선언서가 일제의 눈을 피해 비밀리에 인쇄되었습니다.

이윽고 3월 1일, 인사동 태화관에서는 민족 대표 33명 가운데 29명이 모여 독립 선언식을 거행했습니다. 이때 학생 대표들은 "지금 탑골공원에 학생과 시민 들이 기다리고 있으니 함께 가 주십시오"라고 요청했습니다. 하지만 민족 대표들은, 만일 시위가 일어날 경우 시민들이 다칠 것을 우려해 움직이지 않았지요. 독립 선언식을 거행한 민족 대표들은 총독부에 전화를 걸어 이

▲ 독립 선언서를 낭독하는 모습(부조, 탑골공원)

소식을 전하고, 축배를 들었습니다. 이어 한용운이 단단하고도 힘찬 목소리로 만세를 선창했습니다.

"대한 독립 만세!"

28인의 민족 대표가 '대한 독립 만세'를 제창했습니다. 부리 나케 달려온 경찰들은 바로 민족 대표들을 연행해 갔습니다. 이 날 오후 종로 2가의 탑골공원에서는, 끝내 나타나지 않는 민족 대표를 대신해 정재용 학생이 팔각정 단상 위에 올라가 독립 선언서를 낭독했습니다. 그리고 외쳤습니다.

"대한 독립 만세!"

이로써 3·1 만세 운동의 막이 올랐습니다.

시민들은 만세를 외치며 거리로 나섰습니다. 한 무리는 종로에서 덕수궁 앞을 지나 대한문 쪽으로 나아갔고, 또 한 무리는 충무로를 지나 육조 거리세종로로 나아갔습니다. 이 무리 속에는 학생과 어른은 물론 어린이도 있었고, 허리가 구부정한 노인들도 있었습니다. 일본 경찰들도 파도처럼 물결치는 만세 운동의 무리에 주춤거리며 길을 내줄 수밖에 없었지요.

만세 운동은 경성뿐 아니라 평양에서, 뒤따라 의주·원산·함흥 등 지방으로 퍼져 갔고 다음 날, 그다음 날도 만세 소리는 이어져 갔습니다.

하루이틀 지켜보던 일본 경찰들이 이윽고 무력 진압에 나섰습니다. 그들은 말을 타고 시위 군중 속을 내달리며 칼을 휘둘렀

▲ 총칼로 만세 운동을 탄압하는 모습(부조, 탑골공원)

습니다. 총을 쏘고 구둣발로 짓밟았습니다. 닥치는 대로 잡아가 감옥에 넣는 바람이 감옥이 미어터질 지경이 되었습니다. 그럼에도 불구하고 만세 운동은 멈추지 않았고, 오히려 전국 곳곳으로 번져 나갔습니다.

유관순과 제암리 학살 사건 ✺ 만세 운동이 일어나자 일제는 곧 모든 학교에 휴교령을 내렸습니다. 이화학당을 다니던 유관순은 학교가 문을 닫자 고향인 충남 천안으로 내려갔습니다. 유관순은 만세 운동이 일어났는지조차 모르고 있던 마을 사람들에게 그 소식을 전했습니다. 그리고 만세 운동에 동참할 것을 호소했습니다.

4월 2일음력 3월 1일, 아오내 장날에 많은 사람이 모이자, 유관순은 곡물 가게의 쌀더미 위에 올라가 외쳤습니다.

"지난 3월에 빼앗긴 나라를 되찾기 위한 만세 운동이 일어났습니다. 우리도 일어나 만세를 부릅시다!"

마침 순찰을 하던 일본 경찰이 총칼을 들이대며 위협했지만 유관순은 연설을 계속했습니다. 그리고 만세를 불렀습니다. 마을 사람들과 상인들도 따라서 만세를 불렀습니다. 일본 경찰은 총을 쏘고 칼을 휘두르며 사람들을 짓밟았습니다. 이때 유관순의 어머니와 아버지도 일본 경찰이 쏜 총에 맞아 목숨을 잃었습니다.

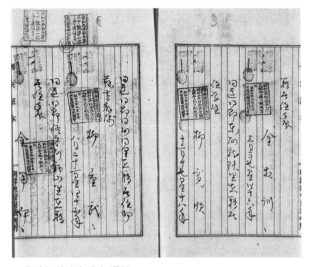
▲ 유관순 열사의 재판기록부

유관순은 곧 감옥에 끌려 갔습니다. 모진 고문을 당해야 했지요. 재판을 받을 때도, "죄를 지은 것은 내가 아니라 함부로 내 나라 땅을 짓밟은 너희들이다!"라고 외쳤습니다. 그 때문에 형량이 더 늘어나기도 했습니다. 그럼에도 불구하고 유관순은 감옥에서도 만세를 불렀습니다. 그리고 1920년, 모진 고문과 영양실조로 19세의 꽃다운 나이에 숨을 거두고 말았습니다.

일제의 무자비한 탄압은 제암리지금의 경기도 화성군 향남면에서도 있었습니다. 만세를 부르던 마을 사람들과 일본 헌병이 다툼을 벌이다가 주민 여러 명과 일본 헌병 2명이 목숨을 잃고 난 후였습니다. 이 일로 일본군 육군 중위 아리타 도시오는 1개 소대의 병력을 이끌고 들어와 마을 사람들을 교회에 모이라고 지시했습니다. 시위 때 지나치게 무력을 사용해 진압한 일을 사과한다는 것이었지요.

그 말을 듣고 제암리 사람들은 모두 교회에 모였습니다. 하지만 정작 마을 사람들이 교회 안으로 들어가자 도시오 중위는 교회의 모든 문을 닫아걸고 석유를 뿌린 다음 불을 질렀습니다. 교회는 순식간에 불길에 휩싸였습니다.

"제발 어린아이만은 살려 주세요!"

한 아낙네가 간곡한 목소리로 아이를 교회 밖으로 내보내며
외쳤습니다. 하지만 도시오 중위는 이를 거부했습니다. 수십 명
이 불에 타 죽었고, 일본군은 마을의 33가구 가운데 31가구를
완전히 불태우고 돌아갔습니다. 심지어 죽은 사람까지 한 번 더
칼로 내리쳐 확인 사살하는 만행을 저질렀습니다. 1919년

임시정부의 수립 ✸ 만세 운동은 무자비한 탄압 속에서 겉으로는 실패로 끝났습니다. 하지만 나라를 되찾아야겠다는 열망을 모든 국민의 가슴속에 심어 놓았습니다. 그리하여 목숨을 내걸고 직접 독립 운동에 뛰어드는 사람들이 늘어났고, 비밀리에 독립군 자금을 모으기도 했습니다.

마침내 임시정부가 곳곳에서 탄생했습니다. 온 국민의 의견을 한곳으로 모으고 독립 운동을 조직적으로 계획하고 실천하기 위해서였습니다. 경성에서는 '한성 정부'가 탄생했고, 이웃 나라 중국과 러시아, 간도와 연해주 등에도 임시정부가 세워졌습니다. 임시정부가 여러 개 세워지자 우리나라가 독립을 이루기 위해서는 단일화된 정부가 필요하다는 공감대가 만들어졌습니다.

▲ 임시정부의 지도자들

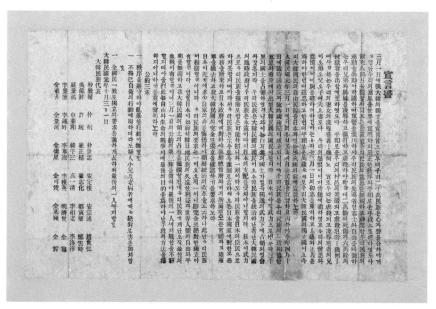

▲ 민족 대표 30명의 이름이 적힌 이 선언서는 3·1 만세 운동 당시의 독립 선언서를 뒤잇는 두 번째 독립 선언서입니다. 임시정부의 수립을 전 세계에 알리는 동시, 일본 철수를 요구하고 있지요.

마침내 1919년 4월, 곳곳에 만들어졌던 임시정부가 하나로 통합되었습니다. 상해에 수립된 통합 대한민국 임시정부는 주권국가의 의사를 최종 결정하는 권력이 국민에게 있음을 표방하는 민주 공화정을 국가 체제로 삼았어요.

임시 대통령은 이승만이 맡았습니다. 국무총리는 이동휘, 내무총장은 이동녕이 맡았지요. 이 외에도 진작부터 임시정부 수립에 발 벗고 나섰던 안창호, 신규식, 이시영 등이 참여했습니다.

임시정부는 우선 외교 활동에 집중했습니다. 국

왜 하필 상해에 임시정부가 들어섰어요?

중국의 상해는 이때 이미 인구가 200만이나 되었습니다. 일찍 개항을 한 탓에 외국인들도 많았지요. 그래서 분위기가 비교적 자유롭고, 교통도 편리했으며 무엇보다도 일본의 손길이 잘 미치지 않았기 때문에 독립 운동의 본거지로 손색이 없었어요. 한국은 물론이고 해외 교포가 많이 살고 있는 만주와 연해주 쪽으로도 진출하기 쉽다는 점 역시 중요한 이유였고요.

제 회의가 열리면 대표를 파견하여 우리나라의 실상을 알리고 독립의 길을 모색할 수 있으리란 믿음 때문이었지요. 그래서 1919년 초부터 계속되고 있던 파리 강화 회의에는 김규식을 대표로, 1921년에 워싱턴에서 열린 회의에는 이승만을 대표로 보냈습니다.

또 국내외에 흩어져 있는 독립 운동 단체와 긴밀하게 연락을 주고받기 위해 '교통국'을 설치했습니다. 교통국은 비밀 연락 조직으로 곳곳에 흩어져 있는 독립 운동가나 단체와 연락을 취하기 위한 통로였지요. 독립 운동가들은 교통국을 통해서 비밀 지령을 전달받기도 했고, 독립 운동 자금을 주고받기도 했습니다.

신의주와 마주한 중국의 안동에 '이륭양행'이라는 무역회사가 있었는데, 이곳에 교통국을 설치해서 한국의 독립지사들과 연락을 취했습니다. 무장 독립 투쟁 단체인 의열단은, 이곳에서 폭탄을 수출 상품으로 꾸며 국내에 보내기도 했습니다.

독립군 부대의 항일 투쟁 - 봉오동 전투와 청산리 전투

3·1 운동과 임시정부 수립을 전후로 만주와 연해주에는 독립군이 되어 일제와 싸우려는 젊은이들이 속속 모여들었습니다. 그 덕분에 서간도와 북간도, 그리고 연해주에는 무수히 많은 독립군 단체들이 생겨났습니다. 이들은 한결같이 "나라를 되찾으려면 평화적인 방법만으로 안 되며, 전쟁도 불사해야 한다!"고

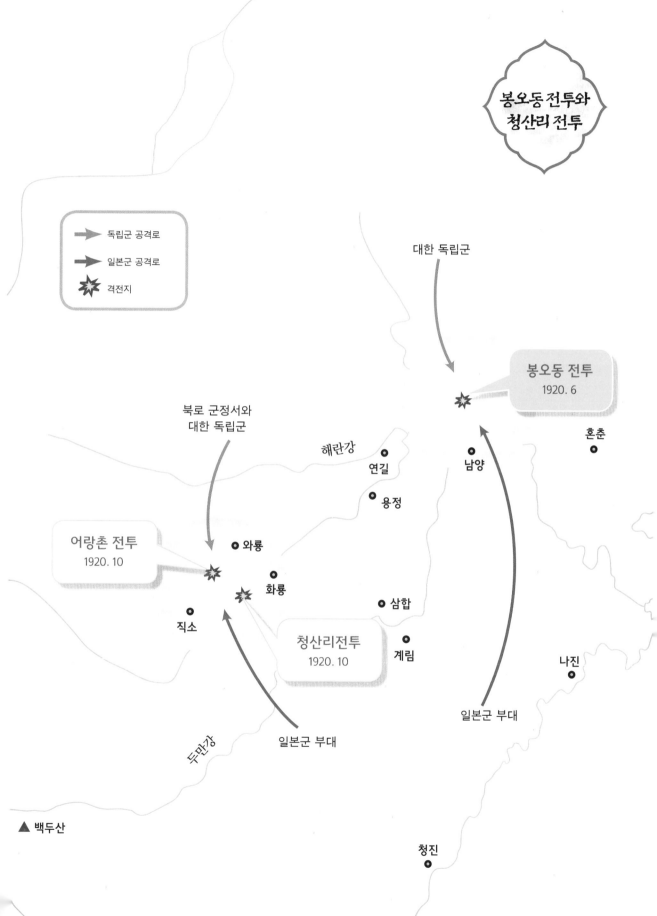

봉오동 전투와
청산리 전투

독립군 공격로
일본군 공격로
격전지

대한 독립군

봉오동 전투
1920. 6

혼춘

북로 군정서와
대한 독립군

해란강
연길

남양

용정

어랑촌 전투
1920. 10

와룡

화룡

삼합

직소

청산리전투
1920. 10

계림

나진

일본군 부대

두만강

일본군 부대

▲ 백두산

청진

생각하고 있었습니다. 특히 독립군 부대는 국경을 넘어 일본 군부대나 경찰 주재소 등을 습격하면서 일본의 간담을 서늘하게 했습니다.

1920년 6월, 홍범도가 이끄는 대한 독립군 부대원이 두만강을 건너 일본군 순찰대를 급습했습니다. 그러자 일본군은 남양 수비대를 보내 반격을 가했지요. 하지만 독립군은 절벽을 따라 움직이며 남양 수비대를 격파했습니다. 이에 화가 난 일본군은, "이 기회에 독립군 세력을 뿌리 뽑고야 말겠다"라며 대대병력을 편성하여 대한 독립군을 추격했습니다.

▲ 홍범도 장군

▲ 봉오동 전투의 승리를 기사로 실은 『독립신문』이에요.

하지만 이를 미리 눈치챈 홍범도는 4개 중대를 동원해 일본군을 봉오동 골짜기로 유인했습니다. 그런 것도 모른 채 중무장을 한 일본군은 봉오동 골짜기로 들어섰지요. 그때 이미 독립군 부대는 절벽 양쪽과 입구를 틀어막고 일본군을 기다렸습니다.

이윽고 일본군이 골짜기 안으로 완전히 들어서자 홍범도의 병사들은 기다렸다는 듯 일제히 사격을 가했습니다. 사방에서 총탄이 날아오자 일본군은 포를 쏠 생각도 못 하고 도망가기에 급급했습니다. 이때 사망한 일본군은 157명, 그런 반면 독립군은 10여 명이 가벼운 상처만 입었을 뿐이었습니다.

무장한 독립군의 첫 싸움에서 크게 승리한 덕분에 이웃 독립군 부대들도 큰 용기를 얻을 수 있었습니다.

하지만 일본군은 독립군에 패한 분풀이를 엉뚱한 곳에 했습니다. 마적 떼를 동원하여 혼춘두만강 북부의 만주 땅을 습격하게 하고, 그것을 독립군이 저지른 일이라고 우겨 댔습니다. 그러고는 독립군을 토벌한다는 핑계로, 또한 독립군을 돕는 자를 색출한다는 핑계로 혼춘에 살고 있는 조선 사람들을 무참하게 살육했습니다. 무려 4일에 걸친 소탕 작전으로 조선 사람들이 살고 있던 모든 집이 파괴되었고, 수백 명이 목숨을 잃었습니다. 이를 '혼춘 참변'이라고 불렀습니다.

이 안타까운 소식은 북로 군정서를 이끌고 있는 김좌진에게도 들려왔습니다. 뿐만 아니라 일본군 19사단과 20사단이 독립군 토벌을 위해 대규모 공격을 준비하고 있다는 정보도 입수했습니다. 김좌진은 이범석과 함께 부대를 둘로 나누어 병사들을 매복시키고 이들의 공격에 대비했습니다.

곧 일본군은 청산리를 포위하고 기마 부대를 앞세워 백운평 골짜기로 들어섰습니다. 이에 김좌진은 일제히 공격을 가해 일본군 선발 기병대 200여 명을 몰살시켰습니다. 그리고 재빨리 60km를 이동하여 갑산촌으로 빠져나갔습니다. 이번에는 120명의 일본군 기병대를 먼저 기습했습니다. 이때 일본군은 겨우 4명만이 살아서 도망쳤습니다.

그즈음 완루구에서는 홍범도 장군이

◀ 김좌진 장군 동상

한밤중에 일본군의 앞과 옆을 기습하였는데, 일본군은 둘로 갈라져 저희들끼리 싸우다가 무려 400명의 전사자를 내고 도망쳤습니다.

대한 독립군과 북로 군정서는 합세하여 어랑촌으로 이동했습니다. 그곳에 일본군의 본진이 주둔하고 있다는 정보를 얻었기 때문이에요.

두 독립군 부대는 어랑촌 앞 마록고지를 먼저 차지하고 대규모 공격을 퍼부었습니다. 일본군은 대포까지 쏘며 독립군을 공격했습니다. 그 때문에 이범석 장군의 칼이 부러졌고, 최인걸을 비롯한 독립군 지도자 몇 명도 전사했습니다. 하지만 일본군은 6일간의 싸움에서 무려 2000명의 사망자와 1300명의 부상자를 내고 대패하여 달아났습니다. 이 싸움이 청산리 전투였습니다. 이후 일제는 간도 지방을 중심으로 또 한 번의 학살 작전을 감행했습니다. '간도 참변'이었습니다.

간도 참변이 뭐예요?
독립군에게 거듭 패한 일본군은 1920년 10월, 대대적인 보복 작전을 감행했습니다. 무려 2만 5000명의 병력을 동원하여 간도를 겹겹이 포위하고, 조선인 마을을 습격한 뒤 조선인을 불러 모아 무차별 사살했습니다. 일본군은 이런 식으로 11월 말까지 간도 지역에서만 3500명이 넘는 민간인을 학살했습니다. 이를 간도 참변이라 부릅니다.

국민들의 저항 운동

국내에서는 총칼을 들고 싸울 수가 없었기 때문에 각계각층에서 저마다 다양한 방법으로 저항 운동을 벌여 나갔습니다.

1923년, 조만식은 '조선물산장려회'를 만들어 '조선 사람은

▲ 한글 연구와 교육에 사용된 교재들이에요.

조선의 물건만 쓰자!'는 운동을 벌였습니다. 그는 "우리나라 사람이 만든 물건을 많이 사 주어야, 그 돈으로 우리의 공장을 많이 지을 수 있고, 그래야만 조선의 경제적 힘을 키울 수 있습니다"라고 주장했지요.

또한 "실력을 키워야 진정한 독립이 가능합니다!"라고 주장하면서 활발한 교육 운동을 전개하는 사람도 있었습니다. 그들은 시간이 없는 사람들을 위해서 야학을 열고, 돈이 없어 학교에 가지 못한 아이들을 천도교 교당이나 예배당을 빌려 우리말과 역사를 가르치기도 했습니다.

한편에서는 국어 학자들이 '조선어 연구회'를 만들어 한글을 알리고 연구하는 데 힘을 쏟았습니다. 이들은 한글날도 만들고 사전도 만들었습니다. 무엇보다 한글을 잊지 않고 있어야 민족 정신을 지킬 수 있다고 믿었기 때문이지요. 특히 주시경은 보통 이를 들고서 이 학교 저 학교 돌아다니며 한글을 가르치곤 했는

문화 정치가 뭐예요?

3·1 운동의 전국적 확산에 깜짝 놀란 일본은 하세가와 총독을 물러나게 하고 해군 대장 출신인 사이토를 새 총독으로 임명했습니다. 그는 조선 총독부에 부임하자마자 '문화 정치'를 내세웠습니다.

"앞으로는 헌병 경찰 제도 대신, 보통 경찰 제도로 바꿀 것이오. 선생님들이 교실에서 칼을 차고 수업하는 일도 없을 것이며, 조선 사람과 일본 사람을 차별하지 않겠소. 뿐만 아니라 신문이나 잡지도 내도록 허용할 것입니다."

이를테면 총과 칼로 윽박지르지 않고, 살살 달래 보겠다는 뜻이었습니다. 덕분에 신문과 잡지가 새로 나올 수는 있었지만, 여전히 일본을 비판하는 기사는 조금도 싣지 못하게 했습니다. 말하자면 일본의 문화 정치란, 눈 가리고 아웅하는 식이었던 거예요.

데, 이런 그를 두고 '주 보통이'라고 부르기도 했습니다.

3·1 운동 이후에는 일제가 표면적으로 '문화 정치'를 내세우고 있었기 때문에, 신문과 잡지를 펴내는 한편 작가와 시인 들은 문학 작품을 통해 독립 의지를 담아내거나 우리의 민족 정신을 알리는 데 힘썼습니다. 이상화는 「빼앗긴 들에도 봄은 오는가」와 같은 작품을 써서 독립의 염원을 널리 알렸고, 김소월은 「진달래꽃」, 「산수화」와 같은 시를 발표해서 우리 민족의 고유한 정서를 담아내기도 했습니다. 심훈은 「상록수」라는 소설을 써서 애국 계몽 운동에 헌신하는 남녀의 이야기를 그리기도 했지요.

그런가 하면 방정환은 어린이를 위한 계몽 운동을 펼쳐 나갔습니다. "어린이야말로 나라의 미래"라는 생각을 한 방정환은 처음

▲ 어린이날을 5월 1일로 정하고 만든 포스터

으로 '아이'의 높임말인 '어린이'라는 말을 쓰기 시작했는데, 평생을 어린이를 위해 살겠다고 다짐했지요. 그는 『사랑의 선물』이라는 세계 동화 모음집을 펴내고 또한 『어린이』라는 잡지를 발간하기도 했습니다. 이어 1923년에는 윤극영 등과 함께 색동회를 만들고, 어린이날을 제정했습니다.

학생들의 몫도 컸습니다. 1926년 6월 10일, 학생들은 순종 황제가 세상을 떠나자 장례식날 만세 운동을 벌이기로 했습니다. 일본의 철저한 감시로 크게 번지지는 못했지만, 민족의 숨결이 살아 있음을 다시 한 번 확인하는 기회가 되었지요. 뿐만 아니라 만세 운동에 자극을 받은 민족 운동가들이 '신간회'를 만드는 계기가 되기도 했습니다. 신간회는 민족주의자와 사회주의자가 함께 만든 단체여서 그 의미가 컸습니다.

"우리는 정치적·경제적 각성을 촉진하며, 단결을 견고히 하고, 또한 기회주의를 절대 부인한다!"

이런 원칙을 내세운 신간회는 전국에 100개가 넘는 지회를 두고, 전국을 누비며 강연회를 열거나, 야학 등을 통해 무지한 국민들을 깨우치는 일을 했습니다.

뿐만 아니라 학생들은, 1929년에도 광주에서 학생 운동을 일으켰습니다.

▲ 광주 학생 운동 기념탑

광주와 나주를 오가는 통학 열차 안에서 조선인 여학생이 일본 남학생에게 희롱을 당하는 사건이 일어났는데, 이것이 발단이 되어 두 나라 학생들이 주먹다짐을 하게 되었습니다. 이때 일본 경찰은 과정은 따지지도 않고 무조건 일본 학생 편을 들어 조선 학생들을 구타하고 무려 70명의 조선 학생을 감옥에 가두었습니다. 이 일에 분노한 조선 학생들은 너 나 할 것 없이 들고 일어나 반일 시위를 벌였습니다. 이 일로 수백 명의 학생들이 무기 정학을 받았지만 항일 학생 운동의 좋은 본보기가 되었습니다.

한편에서는 고달픈 농민들이 소작 쟁의로 맞섰습니다. 일제를 등에 업은 대지주들이 온갖 방법으로 농민들을 수탈했기 때문이지요. 특히 악랄한 지주들은 소작료를 수확량의 7할까지 받기도 했습니다. 결국 농민들은 힘들

▲ 암태도 소작 쟁의 기념탑

소작 쟁의가 뭐예요?

일제의 수탈 속에서 벌어진 농민 운동 중 하나예요. 전남 신안군 작은 섬 암태도의 농민들은 지주들이 8할에 이르는 소작료를 요구하자 힘을 모아 쟁의를 일으켰습니다. 소작료를 낮추어 달라고 요구했지요. 그러자 일제는 지주의 편을 들어 농민들을 잡아 가두었습니다. 이에 농민들 수백 명이 단식 투쟁에 나섰고, 이 소식이 전국에 퍼졌습니다. 여론이 나쁘게 돌아가자 결국 지주는 소작료를 낮추었고, 이후 전국에서 이와 비슷한 쟁의가 계속되었답니다.

게 농사를 지어서 지주에게 바치는 꼴이 된 것이지요.

이런 부당한 현실을 두고도 일제는 모른 체했습니다. 지주의 상당수는 친일 단체에 속해 있거나, 기부금을 많이 내서 일제에 도움을 주었기 때문이었죠. 이 탓에 농민들은 똘똘 뭉쳐서 소작 쟁의를 일으키곤 했는데, 1920년대에 들어서면서 한 해 80건이 넘게 횟수가 늘어났습니다.

일제의 심장에 폭탄을 던진 사람들

1923년 1월 12일, 독립 운동가들을 잡아 가두고 고문을 일삼던 종로경찰서에 김상옥이 폭탄을 던졌습니다. 이 일로 종로경찰서는 아수라장이 되었고, 일본 경찰은 김상옥을 추적했습니다. 김상옥은 달아나다가 스스로 목숨을 끊을 때까지 일본 경찰 몇을 더 죽였습니다. 일본 경찰은 언제 비슷한 일이 생길지 몰라 두려움에 떨었습니다.

그로부터 3년 뒤인 1926년, 이번에는 나석주가 동양 척식 주식회사에 폭탄을 던졌습니다. 그 폭탄으로 여러 명의 일본인 기술자가 목숨을 잃었습니다. 폭탄을 던진 후엔 나석주 자신도 스스로 목숨을 끊었습니다.

이처럼 스스로 몸을 던져 일제에 항거한 김상옥과 나석주는 의열단원이었습니다. 1919년 11월 만주의 한 농가에서 처음 조직된 의열단은, "강도와 같은 일본을 내쫓는 일은 오직 혁명으

▲ 동양 척식 주식회사. 일본이 조선을 착취하기 위해서 만든 특수 회사였습니다. 이 회사를 통해 일본은 토지와 물자를 수탈했습니다. 토지 조사를 통해 헐값에 토지를 매입하여 비싸게 팔거나 토지를 빌려 주고 비싼 소작료를 물게 하는 등의 사업을 모두 동양 척식 주식회사가 했습니다. 나중에는 토지를 일본인에게 싼값에 팔기도 했고, 그 착취의 범위를 조선만이 아닌 만주 쪽으로 넓혀 가기도 했습니다.

로 가능하며 …… 우리는 사람들 속으로 들어가 조선인을 해친 일제의 무리들을 암살하고 파괴할 것"이라 선언하고, 목숨을 걸고 일제와 싸웠습니다.

의열단은 일제의 관리를 비롯한 친일파와 같은 무리들을 암살하고, 조선총독부나 일본군 부대, 경찰서 등에 대한 파괴를 목표로 활동했습니다. 이를 위해 의열단원은 매일 체력을 단련하고 사격 연습, 폭탄 제조 기술, 격투기 등을 연마했습니다. 김상옥과 나석주 외에도 의열단원 박재혁은 부산경찰서에, 최

의열단이란 이름은 어떻게 지었나요?
'정의로운 일을 맹렬하게 실천한다'는 구호에서 '의' 자와 '열(렬)' 자를 따서 지은 이름이에요.

수봉은 밀양경찰서에 폭탄을 던졌고, 김익상은 총독부에 폭탄을 던졌습니다. 이처럼 의열단은 곳곳에서 활약하며 일본 경찰의 간담을 서늘하게 했습니다.

1930년대에 들어서자 이번에는 한인 애국단의 활약이 두드러졌습니다. 한인 애국단은 김구가 직접 조직한 단체였어요. 이들이 하는 일은 김구 외에 그 누구도 몰랐으며, 처음부터 인원이 80여 명에 이르렀습니다.

어느 겨울, 일본어를 아주 잘했던 이봉창이 김구를 찾아왔습니다. 그는 "일본 천황을 죽이는 일은 꼭 저에게 맡겨 주십시오"라며 부탁을 했습니다. 이에 김구는 폭탄과 자금을 마련해 이봉창에게 거사를 맡겼습니다.

1932년 1월 8일 그는 폭탄을 숨겨 동경 한복판으로 잠입해, 일왕이 지나가는 마차에 폭탄을 던졌습니다. 비록 실패했지만 이 일로 일제는 가슴을 떨어야 했습니다. 그는 체포되어 왜 천황을 죽이려 했느냐는 질문을 받자, "나는 한인 애국단의 단원으로서, 적의 왕을 암살하려 했을 뿐이다!"라고 당당하게 대답했습니다.

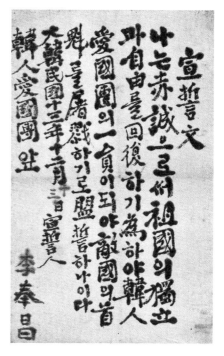

▲ 이봉창의 선언문

그로부터 3개월이 지난 4월 29일, 이번에는 상해의 훙커우 공원에서 다시 한 번 폭탄 소리가 울려 퍼졌습니다. 윤봉길 의사가 일왕의 생일과 상해사변 승전 축하 행사를 벌이는 기념식장에 폭탄을 던졌던 것이에요. 이때 여러 명의 일본군 고위 장교와 관리 들이 목숨을 잃거나 다쳤습니다. 특히 중국 주둔 일본군의 최고 사령관인 시라카와 대장이 그 자리에서 죽었고, 9사단장인 우에다 중장이 다리를 잃었지요.

윤봉길의 의거를 두고 중국 정부는, "중국의 100만 대군도 해내지 못할 일을 조선인 한 사람이 해냈으니 정말로 갸륵한 일이

▲ 윤봉길 의사의 의거 장면(윤봉길 의사 기념관)

다!"라면서 칭찬을 아끼지 않았습니다. 윤봉길 의사는 일본군에게 붙잡혀 불과 25세의 나이에 사형을 당했지만, 이 사건으로 중국은 조선인들을 더 높이 평가하고, 항일 독립 운동을 적극적으로 지원하게 되었습니다.

일제의 발악과 패망, 그리고 조선의 독립

전쟁 미치광이가 된 일본의 발악 ✿ 1937년, 일본은 중국 본토를 침략함으로써 중·일 전쟁을 일으켰습니다. 1929년부터 시작된 경제 공황으로 경기가 나빠지자 일본 정치가들은 식민지를 늘려 불황을 극복해야 한다는 생각을 가지고 있었던 거예요. 이 전

쟁 중에 일본은 난징에서 수십만 명의 중국인을 학
살했습니다.

이 전쟁으로 수많은 한국인 역시 엄청난 고통을
당하고 희생되었습니다. 일제의 대륙 침략 전쟁은
한국을 병참기지화하고 있었기 때문이지요.

1938년, 마침내 일본은 국가총동원법을 발표했
습니다. 이것은 전쟁의 승리를 위해서 우리 국민을
언제든 동원하고, 자원 역시 무엇이든 저희들 마음
대로 사용하겠다는 뜻이었습니다.

일제는 우선 지원병이란 명목으로 한국의 청년
들을 전쟁터로 내몰았습니다. 전쟁이 끝나지 않는데다가 규모가
커지는 바람에 전투 병력이 필요했던 것이지요. 1944년, 태평양
전쟁을 일으키고 나서는 아예 징병제를 실시해서, 전쟁에서 패
망할 때까지 무려 20만 명에 이르는 청년들을 일본군의 총알받
이로 데려갔습니다.

일제는 한국인들을 전쟁터에만 데려간 건 아니었습니다. 군수
물자를 생산하는 공장이나 비행장처럼 군사 시설을 짓는 곳, 또
는 광산으로 끌고 가 노예처럼 일을 시켰습니다. 이것을 '징용'
이라고 했는데, 전쟁이 끝날 때까지 일본과 중국, 동남아시아 등
해외로 강제로 끌려간 사람의 수만 80만 명이 넘었습니다.

뿐만 아니라 위안부라는 이름으로 젊은 여성들까지 데려갔습

병참기지화가 뭐예요?
일본은 한반도를 전쟁을
위한 군수 물자 보급 기지
로 삼았습니다. 먼저 무기
에 쓸 자원을 얻기 위해 광
산부터 개발했습니다. 그
리고 곳곳에 무기를 만들
기 위한 제철 공장과 군복
을 만들기 위한 방직 공장
등이 들어섰습니다. 필요
한 인력 역시 한국 사람들
을 동원했지요. 이때 한국
노동자들은 일본인의 절반
도 안 되는 임금을 받아야
했습니다.

니다. 공장에 취직을 시켜 준다는 말로 속여서 전쟁터로 끌고 가
성 노리개로 삼았던 것이지요.

계속된 전쟁으로 상황이 악화되자 수많은 물자도 빼앗아갔습
니다. 특히 1940년부터는 쌀과 보리를 비롯해 콩과 팥, 감자와
배추, 무는 물론이고, 소와 닭, 돼지와 계란, 생선은 물론 가마니
와 장작까지 공출을 해 갔어요. 공출이란 나라가 각종 물품을 강
제로 사들이는 것을 말하지요. 하지만 일제는 물건을 가져가고
한 번도 제대로 돈을 준 적이 없었습니다.

사람들은 먹고살기 위해서 곡식을 숨기기도 했는데, 이것이 발

각되면 경찰서에 끌려가 매를 맞거나 심지어 고문을 당하는 일도 있었습니다.

그뿐이 아니었습니다. 무기를 만들 금속이 모자라다고 집집마다 놋그릇과 숟가락까지 빼앗아 갔고, 교회와 절에 매달린 종도 떼어 갔습니다.

▲ 보국공출 사발. 집집마다 놋그릇을 가져가고 대신 나누어 준 사기 그릇이에요. '보국공출'이라는 글자가 새겨져 있습니다.

민족 말살 정책 🌐 일제는 물자만이 아니라 심지어 민족의 혼마저 빼앗으려 했습니다. 한국인을 일본인과 똑같이 만들기 위해 무진 애를 썼지요. 이것을 '황국 신민화'라고 했는데, 한국인도 일본의 왕을

▲ 일본 총독부가 공출을 독촉하기 위해서 만든 포스터예요.

따르고 복종하며 충성하도록 강요한 것이었습니다. 그래서 늘 내선일체 일본과 조선은 하나라는 뜻 를 부르짖으며, '신사 참배'와 '궁성 요배'를 강요했습니다. 신사 참배는 일본의 신에게 절하는 것이고, 궁성 요배는 일본 궁성 쪽으로 머리를 조아리고 절을 하는 것이었습니다. 또한 일장기를 게양하고 일본 국가를 부르는 행사도 강요했습니다.

나아가 일제는 1938년부터 학교에서 우리말 사용을 금지시켰습니다. 수업은 모두 일본어로 진행되었지요. 시간이 지나자 모

▶ 내선일체 비석

든 관공서에서도 일본어 사용을 강요하더니 집에서도 일본말을 쓰도록 했습니다.

1942년, 한번은 함흥에서 한 여학생이 우리말로 대화를 하다가 일본 경찰관 눈에 띄었지요. 이것을 문제 삼아 일본 경찰이 취조를 했는데, 이 학생에게 한국어를 가르친 사람이 조선어 학회의 정태진이라는 걸 알게 되었지요. 이것을 핑계 삼아 일본 경찰은 조선어 학회와 관련된 모든 사람들을 잡아들였습니다. 이때 최현배, 이희승을 비롯해 29명이 구속되고 말았습니다.

1939년에는 이름도 일본식으로 바꾸도록 했어요. 이를 '창씨개명'이라고 했는데, 한국인들이 적극적으로 나서지 않자, 온갖 협박을 일삼으며 이름을 바꾸게 했습니다.

얼토당토않게 일제는 조선 시대에 일본과 싸워 이겨 세운 비석들을 부수게 했어요. 한국인의 정신을 없애고 일본인의 정신을 갖게 하는 데 방해가 된다는 이유에서였지요. 그 때문에 고려 말 왜구를 무찌르고 세운 황산 대첩비, 일본 수군을 무찌르고 세

운 명량 대첩비와 같은 역사 유물이 하루아침에 파괴되고 말았답니다.

친일파 만들기 🌐 일제가 악랄하게 징용과 공출로 한국 민족을 닦아세울 때, 옆에서 이를 지지하고 부추긴 한국 사람들이 있었습니다. 친일파로 불린 이들 중에는 유명 인사들도 꽤 있었는데 이들은 자신의 재주를 일본을 칭송하거나 전쟁을 찬성하는 데 사용했습니다.

작가이자 3·1 운동 독립선언서를 썼던 최남선은 『매일신보』에 "일본 국민으로서의 충성과 조선 남아의 의기를 발휘하여 한 사람도 빠짐없이 출진하기를 바란다"는 글을 써서 한국 젊은이

▲ 총독부 기관지 『매일신보』에 실린 〈금차봉납도〉. 애국금차회 회원들이 국방비라는 명목으로 각종 귀금속을 모아 전달하는 장면이에요. 애국금차회는 친일 상류층 여성들의 모임이었어요.

들이 전쟁터에 나가도록 부추겼고, 소설가 이광수와 시인 노천명도 비슷한 논조의 글을 썼습니다. 화가 김은호는 〈금차봉납도〉라는 그림을 그렸는데, 여기에는 상류층 여성들이 전쟁의 승리를 기원하며 금반지 등을 헌납하는 장면이 그려져 있었지요. 이화여자전문학교 학감을 역임한 김활란은 여러 친일 단체의 임직원을 맡으며 강연 등을 통해서 일제의 정책을 미화하기도 했습니다.

이들 말고도 한국인이면서 일제 경찰이

저항 시인 윤동주와 이육사
친일 문학인들과는 달리 이육사와 윤동주는 저항 시인으로 이름을 높였습니다. 윤동주는 「서시」와 「별 헤는 밤」 등의 작품을 써서 일제 강점기의 고통과 불안, 그리고 광복에 대한 희망을 노래했고, 그러다가 1943년 사상범으로 체포되어 감옥에서 일생을 마쳤습니다. 이육사 역시 1943년 사상이 불순하다는 이유로 체포되어 옥사했는데, 그의 호, 육사는 자신의 수형 번호 '64번'을 따온 것이었습니다. ▶ 이육사의 친필

되어 독립 투사를 감금하고 고문한 사람들도 있었습니다.

일제는 이런 식으로 친일파를 양성하여 저희들의 정책과 전쟁을 미화하는 데 이용했고, 그런 방법으로 한국 민족을 분열시키려 했던 것이지요.

독립을 준비하다 ✸ 일제가 발악하는 모습을 지켜보며 국제 정세를 살피던 독립지사들은 일제의 패망이 가까워 왔음을 직감했습니다.

이에 따라 임시정부부터 발 빠르게 움직였습니다. 우선 1940년에 임시정부 직속으로 '한국 광복군'을 조직했고, 1941년에는 정식으로 일본에 선전포고를 했습니다. 특히 김구는 여러 곳에 흩어져 있던 독립군 부대에 사람을 보내, "이제부터 임시정부 아래에서 하나의 군대가 됩시다!"라고 요청했고, 군대에 필요한 자금을 모으기 위해서 동분서주했습니다. 중국에도 협조를 구해 광복군이 자유롭게 활동할 수 있도록 지원을 요청했습니다. 이

▲ 한국 광복군 창립 직후 기념 촬영 모습이에요.

런 노력에 따라 1942년에 사회주의 계열의 '조선 의용대'가 한국

광복군에 합류했습니다.

　한편으로 임시정부는 일본과 싸우는 연합군의 일원으로 전쟁

에 참여하기 위해 애썼습니다. 독립국으로서 위상을 높이려는

것이었지요. 특히 인도 전선에서는 영국군의 요청으로 일본군과

싸우기도 했습니다.

　나아가 한국 광복군은 직접 한국으로 침투하기로 결정하고

중국에 와 있던 미군의 전략 정보처CIA의 전신의 도움을 받아 훈련

에 들어갔습니다. 그리고 침투 날짜를 8월 20일로 잡았지요.

　그러던 1945년 8월 6일, 일본 히로시마에 원자폭탄이 떨어졌

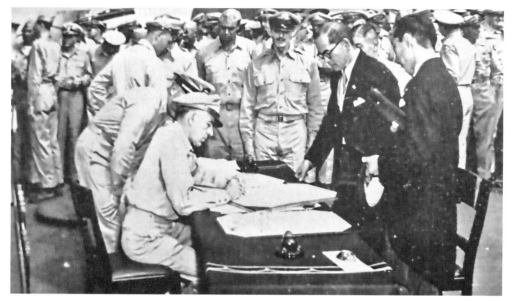
▲ 미국의 항공모함 미주리호에서 열린 일본의 항복 조인식 장면이에요.

다는 소식이 들려왔습니다. 이어 8월 9일에는 나가사키에도 원
자폭탄이 떨어졌습니다. 그리고 8월 15일, "무조건 항복을 하겠
다!"는 일본 천황의 목소리가 라디오에서 흘러나왔습니다.

　일제는 패망했고, 우리나라는 일제 강점기의 어두운 터널을
벗어나 독립을 이루었습니다.

❶~❷ 남북 분단과 정부 수립

일본의 패망에 결정적인 역할을 했던 미국과 소련이 한반도에 발을 들여놓았습니다. 일본 군의 무장 해제가 목적이었는데, 두 나라는 38도선 지점에 군사 분계선을 설치하고 각각 남과 북을 장악했습니다. 그리고 1945년 12월에 미국과 영국, 소련의 외무 장관이 모스크바에 모여 한반도 문제를 논의(모스크바 3상 회의)했습니다. 다름 아닌 한국의 독립 방법을 논의하는 자리였습니다. 우선 임시정부를 수립하고 미·소 공동위원회를 설치하여 임시 정부를 지원할 것, 또 최고 5년간 미국·영국·소련·중국이 신탁 통치할 것을 결론으로 내렸습니다. 이에 대해 좌익 세력은 지금 상황에서는 임시정부 수립이 중요하다고 보고, 3상 회의 결의 사항을 총체적으로 지지했습니다. 반면 우익들은 신탁 통치는 식민지로 돌아가는 것이라고 주장하면서 반탁 운동을 벌이게 됩니다.

▲ 군사 분계선을 마주하고 대치 중인 남북의 병사들

이에 따라 좌우 대립이 깊어져 혼란이 지속되었습니다.

이에 이승만은 남한만의 단독 정부 수립을 추진하였고, 김규식과
여운형 등은 좌우 합작 운동을 벌였습니다. 이에 1947년 9월 한
반도 문제가 유엔 총회에 상정되었고, 여기에서 '인구 비례에 의한 남
북한 총선거를 통해 한국 정부를 수립한다'는 결정이 내려졌습니다. 하지만 소련은 이런
결정이 3상 회의의 내용을 준수하지 않은 것이라며 이를 받아들이지 않았습니다. 마침내
미국은 남한만의 단독 정부 수립을 건의하여 유엔의 승인을 받았습니다.

이때, 남북 분단을 우려하여 김구와 김규식이 평양을
방문하는 등 노력을 기울였지만 성과를 거두지 못하였
고, 결국 1948년 5월 10일 남한만의 단독 정부 수립
을 위해 총선거가 실시되었습니다. 또한 7월 17일에
헌법이 제정되었고, 8월 15일에는 제헌 국회에서 이
승만이 대통령으로 선출되었습니다. 이어 9월 9일에
는 북한에서도 김일성이 조선 민주주의 인민공화국을
출범시킴으로써 남북은 사실상 분단이 되었습니다.

▲ 이승만과 김구

단독 정부 수립 모습

❸ 6·25 전쟁

1950년 6월 25일 새벽 4시, 북한군이 38도
선을 넘어 남한을 침략했습니다. 전쟁에 대비
하지 못한 한국 정부는 3일 만에 서울을 내주
고 시민들은 피난을 떠났습니다. 7월 말에는
전선이 낙동강까지 밀렸습니다. 하
지만 한국은 유엔의 도움으로 대반격
에 나서서 인천 상륙 작전을 감행하
여 성공하였고, 곧 서울을 되찾았으
며, 10월에는 38도선을 넘어 평양까
지 진격했습니다.

하지만 국군과 유엔군이 압록강 턱
밑까지 다다랐을 때, 중공군이 밀려
내려오면서 전선은 다시 남쪽으로 밀
려났고, 이듬해 1월 4일에는 서울이
다시 북한군의 손에 넘어가고 말았
습니다. 그러다가 국군과 유엔군의
반격으로 다시 전선은 38도선 부근
까지 이동했고, 1953년 7월에 판문
점에서 휴전 회담이 성사됨으로써
전쟁은 막을 내렸지요.

하지만 이 전쟁으로 남북의 군인과 민
간인이 150만 명 이상 죽었고, 350만
명이 넘는 사람이 부상을 당했습니다.
더 안타까운 일은 남북의 사이가 더욱
멀어졌다는 것이었습니다.

▲ 유엔군 참전·당시 모습

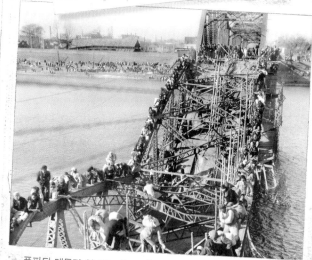

▲ 폭파된 대동강 철교로 피난길에 나선 사람들의 모습이에요.

▲ 휴전 협정문에 사인하는 유엔군 대표와 북한군 대표.
3년 동안 끌어오던 전쟁이 1953년 7월 27일 휴전 협정
이 체결되면서 잠시 멈추었어요.

중공군 개입
1950. 10. 25

백두산

청진

혜산진

초산

국군 압록강 진격
1950.11. 1

신의주

유엔군 최대 북진선
1950. 11. 25

함흥 흥남

평양

원산

휴전 협정 조인
1953. 7. 27

동 해

판문점

개성

서울

6·25 전쟁 발발
1950. 6. 25

강릉

울릉도

서 해

서울 수복
1950. 9. 28

수원

국군의 최후 방어선
1950. 9. 2

인천 상륙 작전
1950. 9. 15

천안

안동

왜관

▼ 거제도 포로수용소의 전쟁 중 국군과 유엔군이 사로잡은 북한군 포로들의 생활 모습(거제도 포로수용소 기념관). 이승만 대통령은 반공 포로를 석방하여 '북진 통일'의 의지를 실현하고자 했지요.

전주

대구 포항

부산

광주

진주

북한 공산군의 남침
국군 유엔군의 반격
중공군의 개입

▲ 인천 상륙 작전 후 맥아더 장군의 모습. 전선이 낙동강까지 밀려났을 때, 맥아더 장군이 지휘하는 유엔군이 인천 상륙 작전을 감행함으로써 국군과 유엔군은 반격의 실마리를 찾았고 전세를 역전시킬 수 있었어요.

제주

❹~❺ 4·19 시민 혁명과 5·16 군사 쿠데타

초대 대통령 이승만은 집권을 연장하기 위해서 1960년 3월 15일에 실시된 대통령 선거에서 온갖 부정을 저질렀습니다. 이에 시민들이 곳곳에서 대규모 시위를 벌였고, 경찰은 총을 쏘며 이를 저지했습니다. 이런 소동 중에 4월 11일 마산 앞바다에서 경찰의 최루탄에 희생된 16세 소년 김주열 군의 시신이 떠올랐습니다. 이 참혹한 소식에 분노한 국민들의 시위가 연일 계속되었습니다. 중·고등 학생이 앞장서 시위를 벌였고, 뒤따라 대학생뿐만 아니라 교수와 선생님 들까지 이에 참여했습니다. 4월 19일, 이날도 경찰은 무력 진압에 나서 약 200여 명이 경찰의 총에 숨을 거두었지요. 그러나 시위는 계속되었고 이승만은 끝내 대통령직에서 물러나 하와이로 망명길에 올랐습니다. 그럼으로써 오랜 독재가 끝나고 민주주의가 뿌리내릴 기회가 찾아왔습니다.

하지만 1961년 5월 16일, 박정희 소장을 앞세운 일부 군인들

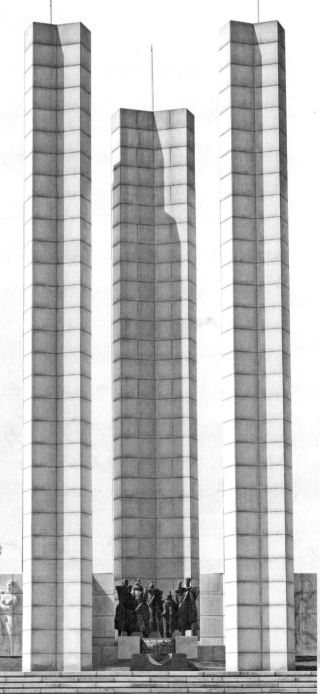

▶ 4·19 시민 혁명 기념탑

이 군사 정변을 일으켰습니다. 박정희는 우선 국회와 정당을 해산시키고, 정치인의 활동을 금지시켰습니다. 이로써 막 피어나려던 민주주의의 꽃은 시들었고, 그는 1963년 10월 대통령 선거에서 당선되었습니다.

제3공화국의 대통령이 된 박정희는 경제 발전을 최우선 목표로 내세우고 경제 개발에 필요한 자금의 마련을 위해 한·일 국교 정상화를 추진하고, 베트남에 군사를 파병하였습니다. 베트남 파병은 국민들의 희생이 따르는 일이었기에 반발도 만만치 않았습니다.

▶ 박정희 대통령이 취임식에서 선서하는 모습

한·일 협정 비준서 교환 모습

❻ 한강의 기적

박정희 정부는 경제 발전을 최우선 과제로 삼았습니다. 특히 1962년부터 추진된 경제 개발 5개년 계획에 의해 이후 10년간 연평균 10%라는 놀랄 만한 경제 성장을 이룩할 수 있었지요. 특히 신발, 섬유와 같은 경공업 제품을 수출하여 큰 효과를 보았어요. 국토의 대동맥인 경부고속도로를 건설한 것도 이즈음이었고(1971년 8월 31일 개통), 근면 · 자조 · 협동을 구호로 내세워 농촌 환경 개선 사업을 추진한 새마을 운동(1970년 4월)도 이때 시작되었습니다.

▲ 개통 직후의 경부고속도로

이어 1970년대에는 중화학 공업을 집중적으로 육성하여 1977년
에는 수출 100억 달러를 달성했습니다. 1960년대 초까지만 해
도 전쟁의 흔적들이 남아 있던 서울은 고층 빌딩이 즐비하게 들어
섰고, 계속된 도로의 건설로 전국이 1일 생활권에 들기 시작했지요. 이런
모습을 보고 외국인들은 '한강의 기적'이라고 불렀습니다.

하지만 경제 발전이라는 이름으로 수많은 노동자들이 열악한 환경과 저
임금 때문에 희생되어야 했고, 농민들은 공업화 정책에 밀려 소외를 당
하기도 했습니다. 특히 청계천 평화시장에서 일하던 노동자 전태일
은 열악한 노동 환경 개선과 근로기준법 준수 등을 요구하며 분신
하였는데, 이 사건은 경제 개발이라는 논리에 희생만을 강요당하
던 노동자의 삶을 되돌아보는 계기를 만들어 주었습니다. 이 외
에도 전국의 땅값이 크게 올랐고, 무분별한 개발에 의해 환경
오염이 심각해진 것도 경제 발전의 어두운 그림자였습니다.

▲ 청계천에 있는 전태일 동상

❼ 10·26 사태

1969년에, 박정희는 장기 집권을 위해 '대통령은 두 번밖에 할 수 없다'는 헌법을 고치고
또다시 당선되었습니다. 이어 1972년에는 국회를 해산한 뒤, 헌법을 다시 고쳐 대통령의
권한을 대폭 강화했습니다. 이를 '10월 유신'이라 불렀는데, 유신헌법에는 4년이었던 대통
령의 임기를 6년으로 연장한다는 내용, 대통령이 국회의원의 3분의 1을 추천해 선출한다
는 내용도 들어 있었지요. 야당의 지도자들과 국민들은 유신헌법을 반대하며 민주주의를
요구했지만, 박정희 정권은 그때마다 탄압을 서슴지 않았습니다. 1979년에는 김영삼 신
민당 총재가 강력하게 박정희 정권을 비난하자 그를 국회의원에서 제명하기도 했습니다.
그러던 1979년 10월 26일, 박정희 대통령은 중앙정보부장 김재규가 쏜 총탄에 숨졌습니
다. 18년간 이어져 온 군사 정부는 이렇게 막을 내렸습니다.

❽ 5·18 광주 민주화 운동

박정희 정권의 종말로 민주주의의 꽃이 다시 필 수 있는 기회를 맞았습니다. 하지만 이번에는 전두환과 노태우 등의 군인들이 다시 군사 정변(1979년 12월 12일)을 통해 정권을 장악했지요. 민주주의의 꽃은 또 한 번 시들 것만 같았습니다.

그러나 민주주의에 대한 열망을 품은 대학생들이 1980년 봄부터 격렬한 시위를 벌였습니다. 그러자 정권을 장악한 군인들은 5월 18일을 기해 전국에 비상계엄을 선포하고, 국회를 폐쇄했습니다. 또한 김대중을 비롯한 야당의 정치 지도자들을 체포하여 구금했습니다. 특히 광주의 학생과 시민 들의 시위가 계속되자 계엄군은 시위대를 총칼로 진압했습니다. 이 과정에서 수많은 시민들이 죽임을 당하거나 부상을 입었지요. 결국 시민들도 무장을 하고 맞섰지만, 탱크를 앞세우고 밀려든 계엄군에 의해 10일 만에 진압당하고 말았습니다.

광주 민주화 운동 당시의 모습

❾ 6월 민주 항쟁

수많은 시민들의 죽음으로 막을 내린 5·18 광주 민주화 운동 이후, 전두환은 1981년 2월 대통령에 취임했습니다. 전두환 정권은 민주화 운동을 철저하게 탄압하며 정권을 이어 갔는데, 그런 과정에서 1987년 1월, 서울대생 박종철이 경찰의 고문으로 사망하는 사건이 벌어지고 말았습니다. 더구나 경찰이 이 사건을 은폐하고 조작하려고 했다는 사실이 알려짐으로써 국민들의 분노가 높아졌습니다. 국민들은 민주주의와 대통령 직선제를 요구하면서 격렬한 시위를 벌였습니다. 하지만 이때까지도 전두환 정권은 개헌의 의지를 보이지 않았고, 그런 중 이번에는 연세대생 이한열이 경찰이 쏜 최루탄에 맞아 사망하는 사건이 발생했습니다. 이에 시위는 더 크게 확산되었고, 6월 말에는 전국에서 100만 명 이상이 시위에 참여했지요. 결국 정부는 어쩔 수 없이 대통령 직선제를 받아들였습니다.

◀ 6월 민주 항쟁 당시
시청 앞에 운집한 시위대

⑩ 21세기의 대한민국

2000년 6월 13일, 김대중 대통령을 태운 특별기가 평양의 순안공항에 도착했습니다. 한반도가 분단된 이후 처음으로 남북 정상이 만난 것이지요. 이 자리에서 남북의 두 지도자들은 한반도의 평화를 위해 노력하고 남북한이 서로 협력한다는 내용의 '6·15 남북 공동 선언'을 발표했습니다. 이어 2007년 10월 4일에는 노무현 대통령이 걸어서 판문점을 통과하여 북한을 방문함으로써 남북 화해의 물꼬를 트기도 했지요.

이런 중에 한국은 스포츠로 세계에 이름을 널리 알렸습니다. 2002년에는 한국과 일본에서 공동으로 월드컵이 개최되었습니다. 이 대회에서 한국은 4강까지 오르는 저력을 보여주며 전 세계 사람들의 놀라움과 감탄을 자아냈습니다. 특히 붉은 옷을 입고 시청 앞 광장을 비롯한 거리 곳곳에서 펼친 응원은 외국인들에게도 큰 관심을 끌었습니다. 2010년에는 김연아가 밴쿠버 동계올림픽 여자 피겨스케이팅 싱글 부문에서 한국 최초로 올림픽 금메달을 따며 한국이 스포츠 강국임을 세계에 알렸습니다.

▲ 2002 한·일 월드컵 당시의 거리 응원 모습

참고한 책

『초등 사회』(5-1)(5-2), 교육과학기술부, 2011

『중학교 국사』, 교육과학기술부, 2011

『중학교 역사』(상)(하), 정재정 외, 지학사, 2011

『고등학교 한국사』, 주진오 외, 천재교육, 2011

『아, 그렇구나 우리역사』(1)~(8), 송호정 외, 여유당, 2002

『역사신문』(1)~(6), 역사신문편찬위원회, 사계절, 1997

『이야기 한국사』, 이야기한국사 편집위원회, 풀빛, 1997

『한국사 카페』(1)(2), 장용준, 북멘토, 2008

『한국사 이야기』(1)~(22), 이이화, 한길사, 1998

『한 권으로 읽는 조선왕조실록』, 박영규, 웅진지식하우스, 2004

『한 권으로 읽는 삼국왕조실록』, 임병주, 들녘, 1998

참고한 도판

『고려 시대를 가다』, 국립중앙박물관, 2009

『독립기념관 전시품 도록』, 독립기념관, 2002

『박물관 이야기』, 국립부여박물관, 1999

『발해를 찾아서』, 전쟁기념관, 1998

『신라인의 무덤』, 국립경주박물관, 1996

『아름다운 우리문화재-국립중앙박물관』, 국립중앙박물관, 2006

『육군박물관 도록』, 육군박물관, 2002

연표
1800년~2000년대

1840년
아편 전쟁

1848년
프랑스, 2월 혁명

1861년
미국, 남북 전쟁

1863년
링컨, 노예 해방 선언

1865년
멘델, 유전 법칙 발견

1869년
수에즈 운하 개통

1870년
프랑스·프로이센 전쟁

1877년
인도 제국 성립

1800년

1801년
신유박해
황사영 백서 사건

1811년
홍경래의 난

1831년
천주교 조선 교구 설치

1839년
기해박해

1860년
최제우, 동학 창시

1861년
김정호, 대동여지도 제작

1866년
병인박해
병인양요

1871년
신미양요
흥선 대원군, 척화비 세움

1875년
운요호 사건

1876년

48쪽을 보세요

1879년
지석영, 종두법 실시

1893년
디젤 기관 발명

1894년
청·일 전쟁

1895년
뢴트겐, X선 발견

1896년
제1회 올림픽 개최

1899년
헤이그 만국 평화 회의

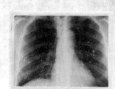

1882년
독일·오스트리아·이탈리아 삼국 동맹 성립

1884년
청·프랑스 전쟁

1880년
수신사 김홍집 일행, 일본 파견

1882년
임오군란

1883년
『한성순보』 간행

1884년
갑신정변

1886년
노비 세습제 폐지

1889년
함경도 방곡령 실시

1894년

75쪽을 보세요

1895년
을미사변

1896년
아관 파천
독립협회 설립

1897년
대한 제국 성립

1898년
만민공동회 개최

정답은 192쪽에서 확인하시게나!

1903년
라이트 형제, 비행기 발명

1904년
러·일 전쟁

1905년
러시아·일본, 포츠머스 강화 조약 체결

1911년
중국, 신해혁명

1914년
제1차 세계대전

1917년
러시아, 10월 혁명

1919년
파리 강화 회의
중국, 5·4 운동
독일, 바이마르 헌법 제정

1923년
관동 대지진

1929년
세계 경제 공황

1900년

1904년
한·일 의정서 체결

1905년
경부선 개통
을사조약

1907년
헤이그 특사 파견
고종 황제 퇴위

1908년
장인환·전명운, 스티븐스 사살
일본, 동양 척식 주식회사 설립

1909년
안중근, 이토 히로부미 사살

1910년
한·일 병합으로 국권 피탈

1914년
이상설, 대한 광복군 정부 수립

1919년

140쪽을 보세요

제암리 학살 사건

1920년
봉오동 전투, 청산리 전투
조선 물산 장려회 창립

1922년
어린이날 제정

1923년
김상옥, 종로경찰서에 폭탄 투척

1926년
6·10 만세 운동

1927년
신간회 조직

1929년
원산 노동자 총파업, 광주 학생 항일 운동

1931년
만주 사변

1934년
독일, 히틀러가 총통에 취임

1937년
중·일 전쟁

1939년
제2차 세계대전 발발
소련, 폴란드 침공

1940년
독일·이탈리아·일본 삼국 동맹

1941년
태평양 전쟁

1943년
이탈리아 항복

1944년
노르망디 상륙 작전

1945년
얄타 회담
포츠담 선언
미국, 일본 히로시마·나가사키 원자폭탄 투하
일본 항복, 제2차 세계대전 종결

1932년
이봉창, 일왕에 폭탄 투척
윤봉길, 상하이 훙커우 공원에 폭탄 투척

1937년
최현배, 『우리말본』 간행

1939년
일본, 조선에 국민 징용령 공포

1940년
총독부, 일본식 이름 강요
한국 광복군 창설

1941년
대한 민국 임시정부, 일본에 선전포고

1942년
조선어 학회 사건

1944년
미곡 강제 공출제 실시

1945년
171쪽을 보세요

1946년
1차 미·소 공동위원회 개최

1948년
제주 4·3 사건
5·10 총선거
대한민국 헌법 공포
대한민국 정부 수립
UN, 한국 정부 승인

1949년
반민족 행위 특별 조사 위원회 발족
김구 피살

1946년
1차 UN 총회 개최

1949년
북대서양 조약기구
NATO 설립

1967년
3차 중동 전쟁

1950년
UN, 한국 파병 결의

1969년
미국, 아폴로 11호 달 착륙

1958년
유럽공동체 EEC 발족

1972년
아랍 게릴라, 뮌헨 올림픽 테러
중·일 수교

1959년
쿠바 혁명

1973년
전 세계 유류 파동

1900년

1950년
6·25 전쟁
인천 상륙 작전
9·28 서울 수복

1963년
박정희 정부 수립

1965년
베트남 파병
한·일 협정 조인

1951년
1·4 후퇴

1953년
반공 포로 석방
휴전 협정 조인

1970년
새마을 운동 제창
경부고속도로 개통

1960년
3·15 부정 선거
4·19 혁명
4대 대통령 윤보선 취임

1972년
7·4 남북 공동 성명
10월 유신

1977년
수출 100억 달러 달성

1961년
5·16 군사 정변

1979년
10·26 사태, 박정희 대통령 피격 사망

1962년
1차 경제 개발 5개년 계획

1980년

180쪽을 보세요

1980년
이란·이라크 전쟁

1986년
필리핀 민주 혁명

1990년
베를린 장벽 붕괴, 독일 통일

1995년
세계 무역 기구 WTO 출범

2003년
미국·이라크 전쟁

2008년
세계 금융 위기

2010년
'아랍의 봄' 시위

2000년

1986년
서울 아시아 경기 대회

1987년
박종철 고문 치사 사건
6월 민주 항쟁

1988년
서울 올림픽 개최

1990년
남·북 총리 회담

1992년
중국과 국교 수립

1996년
경제 협력 개발 기구
OECD 가입

1998년
김대중 정부 출범

2000년

182쪽을 보세요

2002년
한·일 월드컵 개최

2003년
노무현 정부 출범

2008년
숭례문, 화재로 소실
이명박 정부 출범

2013년
박근혜 정부 출범

찾아보기

연표 퀴즈의 정답입니다

1876년 강화도 조약 체결
1894년 동학 농민군 봉기
1919년 3·1 운동
1945년 8·15 해방
1980년 광주 민주화 운동
2000년 6·15 남북 공동 선언